www.ingramcontent.com/pod-product-compliance
Lightning Source LLC
LaVergne TN
LVHW021221080526
838199LV00089B/5723
9789358725544

بن بلایا مہمان

(ڈرامے)

سراج انور

© Siraj Anwar

Bin bulaaya Mehmaan *(Dramas)*
by: Siraj Anwar
Edition: February '2025
Publisher :
Taemeer Publications LLC (Michigan, USA / Hyderabad, India)

ISBN 978-93-5872-554-4

مصنف یا ناشر کی پیشگی اجازت کے بغیر اس کتاب کا کوئی بھی حصہ کسی بھی شکل میں بشمول ویب سائٹ پر اَپ لوڈنگ کے لیے استعمال نہ کیا جائے۔ نیز اس کتاب پر کسی بھی قسم کے تنازع کو نمٹانے کا اختیار صرف حیدرآباد (تلنگانہ) کی عدلیہ کو ہو گا۔

© سراج انور

کتاب	:	**بن بلایا مہمان** (ڈرامے)
مصنف	:	**سراج انور**
صنف	:	ڈراما
ناشر	:	تعمیر پبلی کیشنز (حیدرآباد، انڈیا)
سالِ اشاعت	:	۲۰۲۵ء
صفحات	:	۱۵۶
سرورق ڈیزائن	:	تعمیر ویب ڈیزائن

فہرست

.	عرض مصنف	6
(۱)	کایاپلٹ	9
(۲)	تلاش	43
(۳)	مہمان جو آنے والا ہے	73
(۴)	سانپ! سانپ!!	103
(۵)	بن بلایا مہمان	133

عرضِ مصنّف

اُردو ڈراموں کے باوا آدم آغا حشر کاشمیری کے بعد، ڈرامہ نگاروں کے نام محض انگلیوں پر ہی گِنے جا سکتے ہیں۔ بیشتر ادیبوں نے اِس صنف میں طبع آزمائی کی ہے مگر وہ بات کہاں مولوی مدن کی سی! ہم نے جب ہوش سنبھالا تو پارسی تھیٹروں میں آغا حشر کے ڈراموں کو ہی اسٹیج کی زینت بنتے پایا۔ اُس دور کے ڈرامے مقفّٰی و منظوم عبارت میں ہوا کرتے تھے اور مشکل ترین اُردو ہی اُن کا وسیلۂ اظہار تھی۔ بیشتر مکالمے سمجھ میں ہی نہ آتے تھے۔ شعور پختہ نہ تھا اِسلئے ڈرامہ اچھا تو لگتا تھا لیکن فہم و ادراک اور دل کی گہرائیوں کو نہیں چھوتا تھا۔

آغا حشر کے بعد چند شاید اِس طرف متوجہ ہوئے اور انہوں نے اپنے اسلاف کی بخشی ہوئی اِس شمعِ ادب کو تابندہ و روشن رکھنے کی بھرپور کوششیں کیں اور اِس میں کوئی شک نہیں کہ وہ ایک حد تک کامیاب بھی رہے۔ ایک حد تک اِس لئے کہ انہوں نے اسٹیج ڈراموں کو ایسے لکھا کہ اُن کی حیثیت محض سماجی و تعمیری ہو کر رہ گئی لیکن مزاح کا فقدان ہو گیا۔ اِن ڈرامہ نگاروں میں۔ خواجہ محمد شفیع دہلوی۔ انصار ناصری۔ راجندر سنگھ بیدی۔ کرتار سنگھ دُگل۔ سعادت حسن منٹو، کرشن چندر، مرزا ادیب، اوپندر ناتھ اشک، ریوتی سرن شرما، اظہر افسر اور ڈاکٹر محمد حسن وغیرہ اہم ہیں۔ اِن حضرات نے اسٹیج ڈراموں میں کافی تبدیلیاں کیں۔ انہیں آسان اُردو میں تحریر کیا۔ چونکہ اسٹیج ڈرامہ بدلتے ہوئے وقت، حالات، ماحول اور سنیما سے بیحد متاثر ہوا تھا، لہٰذا اُس کی بے قدری بڑھتی گئی اور عدم توجہی کے باعث ایسے طویل ڈرامے طاقِ نسیاں ہو کر رہ گئے۔ ریڈیو کی ایجاد نے ڈرامہ نگاروں کو اِس طرف متوجہ کیا۔ ڈراما آنکھوں سے دیکھنے کی بجائے سننے کی چیز بن گیا اور بیحد پسند کیا جانے لگا۔

حکومت کی جانب سے جب ایسے ڈراما نگاروں کی پذیرائی ہوئی تو قدرتی طور پر ملک

اسٹیج ڈرامے کو چھوڑ کر ریڈیو ڈرامے کی طرف متوجہ ہو گئے۔ اسٹیج ڈرامے کے مقابلے میں ریڈیو ڈراما لکھنا تھوڑا مشکل تو ضرور ثابت ہوا، لیکن صوتی اثرات اور طربیہ والمیہ موسیقی کے اشتراک سے ایسے ڈرامے سامعین میں مقبول ہوتے چلے گئے۔ انہیں یوں محسوس ہونے لگا گویا وہ اپنی چشم تصوّر سے اسٹیج پر متحرک کرداروں کو دیکھ بھی رہے ہیں اور انہیں سُن بھی رہے ہیں۔ چنانچہ گھر میں بیٹھ کر، وقت ضائع کئے بغیر، مقررہ میعاد کا ڈراما سننے والوں کی ایک کثیر تعداد پیدا ہو گئی۔ یہ تعداد آج بھی روز افزوں ہے۔

میں نے ریڈیو ڈراما لکھنے کا آغاز ۱۹۴۵ء سے کیا۔ اُس وقت میں دہلی پالی ٹیکنیک میں آٹھویں جماعت کا طالبعلم تھا۔ میرے استادِ محترم سیّد وقار عظیم صاحب نے مجھے ڈرامہ لکھنے کے لئے اُکسایا اور تب ہی سے میرے ڈرامے دلی سے بچّوں کے پروگرام میں نشر ہونے لگے۔ جب اپنے لکھے ہوئے ڈرامے ریڈیو سے سُنے تو مزید لکھنے کی خواہش پیدا ہوئی۔ تب سے لے کر اب تک میں کئی سو ڈرامے لکھ چکا ہوں۔ بچوں، عورتوں اور بڑوں کے لئے۔ یہ مشقت آج تک جاری ہے دلی کی کرخنداری زبان میں لکھی ہوئی میری ایک ڈراما سیریز "خلیفہ شدّو" بیحد مقبول ہوئی۔ اِس سیریز کے تحت لکھے گئے اَن گِنت ڈرامے اب بھی متواتر نشر ہوتے رہتے ہیں۔ (یہ ڈرامے ایک علاحدہ کتاب میں شائع ہوں گے) اِن کے علاوہ طربیہ، المیہ اور سماجی و تاریخی ڈراموں کا ایک انبار ہے جو میری فائلوں میں دبا پڑا ہے

اسٹیج ڈرامے ہمارے بزرگوں کا ورثہ ہے جو امانتاً ہمارے پاس تحریر کی صورت میں موجود ہے۔ لیکن ریڈیو ڈرامہ، جو سامعین ایک کان سے سُن کر دوسرے کان سے نکال دیتے ہیں۔ کسی بھی طرح محفوظ نہ ہو سکے۔ جو ڈراما میں نے تحریر کیا وہ ریڈیو کے ذریعہ ہوا میں تحلیل ہو گیا۔ چنانچہ عمدہ مزاحیہ ڈراموں کی کمی کو محسوس کرتے ہوئے، میرے لئے یہ ضروری ہو گیا کہ اپنے چند منتخب مزاحیہ ڈرامے بصورتِ تحریر یہاں اور اُن

میں محفوظ کر دوں۔ یہ ڈرامے ریڈیو سے بار بار نشر ہو چکے ہیں۔ تھوڑی سی ترمیم کے بعد انہیں اسٹیج پر بھی پیش کیا جا سکتا ہے۔ آل انڈیا ریڈیو کے مرکزی ڈراما سیکشن اُردو سروس اور نیشنل ویژن کے لئے لکھے گئے مزاحیہ ڈرامے اس مجموعہ میں شامل ہیں۔

تاریخی ڈراموں میں سے صرف ایک ڈراما میں نے اس مجموعے میں شامل کیا ہے، ایک دن کا سلطان! — یہ شہنشاہ ہمایوں کے دور کا ایک کاسٹیوم ڈراما ہے جو نظام سقّے، کے دورِ حکومت کو نمایاں کرتا ہے اور دلّی کی کرختداری زبان میں لکھا گیا ہے اور آل انڈیا ریڈیو اردو سروس سے بھی بار بار نشر ہو چکا ہے۔ ان سبھی ڈراموں کو آسانی سے اسٹیج پر پیش کیا جا سکتا ہے ایک قابل ہدایت کار کیلئے ضروری ہے کہ وہ پہلے ڈرامے کو پڑھ کر اُسکے نفسِ مضمون۔ گہرائی، ماحول اور دور کا دقیق تجزیہ کرے۔ پھر صوتی اثرات، دروازہ کھلنے کی آواز، مائیک سے دور یا قریب والی تکنیک اُسکی سمجھ میں آسانی سے آجائے گی اور اس کے لئے ریڈیو ڈرامے کو اسٹیج ڈرامے میں تبدیل کرنا زیادہ مشکل نہ رہے گا

اگر اِن ڈراموں کو پڑھ کر آپ کے ہونٹوں پر تبسّم کی ایک ہلکی سی لہر بھی دوڑ گئی تو میں سمجھوں گا کہ مجھے میری محنت کا صلہ مل گیا کیونکہ آج کی دوزخ نما دُنیا میں کروڑوں سسکتے بلکتے غمزدہ انسان بس رہے ہیں۔ اُن کو مسکراتے دیکھنا ہی میری سب سے بڑی آرزو ہے!

سراج انور

ایشیا فوٹو اسٹوڈیوز۔ اردو بازار دہلی ۶

کایا پلٹ

کردار: شوکت • بیوی • خلیفہ شدّو (دلّی کے کرخندار)
جلیبی لال • ڈاکٹر • پیارے لال • حکیم صاحب

[ظاہر کرتا ہے کہ شوکت ڈنڈ پیل رہا ہے۔ سانس بہت پھولا ہوا ہے۔ الفاظ بھی مشکل سے ادا ہو رہے ہیں۔ ہر ڈنڈ کے بعد گنتی گن کر سانس خارج کرتا ہے]

شوکت: بیس ــــ (ہانپتا ہے)۔ اکیس (ہانپتا ہے) بائیس ــ (ہانپتا ہے)
[پچیس پر آ کر سانس دھونکنی کی طرح چلنے لگتا ہے۔ اگلا ڈنڈ نہیں لگاتا۔ بری طرح ہانپتا ہے]

بیوی: (مائیک سے دور) چھبیس ــــ چھبیس بولو نا۔ رک کیوں گئے؟

شوکت: (پھولے ہوئے سانس کے درمیان) ارے باپ رے! مر گیا! اس عورت نے پچیس پر آ کر ہی کچومر نکال دیا۔ (ہانپتا ہے) سو ڈنڈ کس طرح پورے ہوں گے۔ آفوں۔ آفوں ــــ آفوں۔

بیوی: (دور سے پکار کر) ارے کیا ہوا ــ مجھے آواز نہیں آ رہی گنتی کی۔؟

شوکت: (پھولے ہوئے سانس کے درمیان جھلّا کر) لاؤڈ اسپیکر خرید کر میرے مونہہ پر مائیک فٹ کر دو، تب آئے گی آواز ــــ آفوں۔ آفوں۔ (خود کلامی)

اُفوہ! جان نکل گئی کم بخت!

بیوی: (دُور سے) ارے تو رُک کیوں گئے۔ پورے سو ڈنڑ لگانے ہیں۔ یاد ہے!

شوکت: (پھولے ہوئے سانس کے درمیان بلند آواز سے) سو ڈنڈ تو میرے باپ نے بھی نہ لگائے ہوں گے آج تک ـــ آفوں ـــ آفوں ـــ مجھے مارنے پر تُلی ہوئی ہو۔ میں کہتا ہوں کہ بس صرف آخری سانس کی کسر باقی رہ گئی ہے ـــ آفوں آفوں۔ جنت کی سرحد چھُو کر واپس آگیا ہوں۔ کہو تو سرحد پار کر جاؤں؟

بیوی: (دور سے بلند آواز) ائے ہئے! کیا بُری باتیں مونہہ سے نکالتے ہو۔ میں اپنے سامنے کثرت کراتی مگر میں ابھی سر کے بل اُلٹی کھڑی ہوئی ہوں۔ بس ایک منٹ ٹھہرو۔

شوکت: ایک منٹ بعد تو اوپر والے کو پیارا ہو جاؤں گا۔ تمہارے باپ بھی واپس نہیں لا سکتے۔

بیوی: (دور سے) اچھا میں باہر آتی ہوں ـــ اور دیکھو یہ ابا کو بیچ میں مت گھسیٹو ـــ ہاں۔

شوکت: (جھلّا کر) ٹھیک ہے (خود سے بڑبڑاتے ہوئے) ابھی مصیبت میں جان ہے۔ اتنا موٹا بھی نہیں ہوں، لیکن بیگم صاحبہ کو ہاتھی کا بچہ نظر آتا ہوں۔ خود یوگ آسن کرتی ہیں تو مجھے بھی اسی لائن پر چلا رہی ہیں ـــ بھلا بتاؤ، خواہ مخواہ مرغا بنا دیا لیکے۔ لگائے جاؤ بیٹھکیں۔ جان نکل کر رہ گئی کم بخت! ابنرجی الگ ویسٹ ہوئی۔ نہ جانے کس بیوقوف عورت نے انہیں ورزش کرنے کا مشورہ دے دیا تھا کہ نزلہ مجھ پہ بھی گر پڑا۔ اب کوئی پوچھے کہ کوئی عمر ہے میری لونڈوں کی طرح ڈنڈ پیلنے کی۔

بیوی: (دُور سے مائیک کے قریب آتے ہوئے غصّے سے) ہاں جی ـــ کیا کہہ رہے تھے تم۔ ابا تک کیوں پہنچے؟

شوکت: کیوں نہ پہنچوں۔ آخر وہ میرے خُسر ہیں۔ اُن تک تو پہنچنا ہی پڑے گا۔

بیوی: (غصّہ) نہیں ــــ تم انہیں بیچ میں کیوں گھسیٹتے ہو؟۔

شوکت: لاحول ولا قوۃ! وہ ہمارے درمیان میں ہیں ہی کہاں جو میں اُنہیں بیچ میں گھسیٹوں گا۔ اور پھر عزت مآب عالی جناب خُسر محترم کے ساتھ ایسی نازیبا حرکت کرتے ہوئے مجھے شرم نہیں آئے گی۔!

بیوی: کہاں آئے گی شرم ــــ شرم آتی تو یوں باپ تک نہ پہنچتے۔

شوکت: اب میں تمہیں کیسے سمجھاؤں۔ بھئی مجھ سے ڈنڈ نہیں لگائے جاتے۔

بیوی: کیوں نہیں لگائے جاتے۔ میں عورت ہوکر صبح سات بجے سے یوگ آسن کر رہی ہوں اور تم مرد ہوکر بھی اٹھک بیٹھک نہیں کر سکتے۔

شوکت: (لجاجت سے) بیگم صاحبہ مرد ہونا کوئی فخر کی بات نہیں ہے۔ مرد تو بالکل احمق اور گدھا ہوتا ہے۔ کمزور و ناتواں! اگر سچ پوچھو تو میں تو کائنات کی سب سے قوی شئے عورت کو مانتا ہوں۔ سب سے قوی اور سب سے خوبصورت۔ مرد بیچارہ کس گنتی میں ہے۔!

بیوی: خیر زیادہ چاپلوسی کی ضرورت نہیں۔ تم نے تھوڑا ریسٹ لے لیا۔ ایک سے پھر شروع ہو جاؤ۔ میں ناشتہ تیار کر کے آتی ہوں۔

شوکت: یا اللہ یہ میرے کون سے گناہوں کی سزا ہے۔ پہلے اسٹینڈ پر سائیکل کھڑی کروا کے اُسے چلوایا اور اب یہ ڈنڈ! ــــ سب کس بل نکل گئے۔ اب تو یہ ڈر لگ رہا ہے کہ کہیں پسلیاں سینہ توڑ کر باہر نہ آ جائیں ــــ چلو پھر شروع کرتا ہوں۔ (ڈنڈ لگانے کی پوزیشن میں آجاتا ہے) سمجھ میں نہیں آتا کہ یہ بیگم کو کیا ہو گیا ہے۔ کہیں اتنا وزن ہو سکتا ہے میرا ــــ چھبیس ــــ دیکھنے میں مجنوں کی ــــ ستائیس ــــ مجنوں کی اولاد نظر آتا ہوں ــــ اٹھائیس ــــ اور وزن

تھا زیادہ، کمال ہے — اُنتیس — ارے باپ رے! گھٹنیاں ٹڑ گئیں۔

افوہ، مرگیا بھائی (جھنجھلا کر رک جاتا ہے)

بیوی: (مائیک سے دُور) اب کیا ہوگیا؟

شوکت: (کمزور لہجہ مگر بلند آواز) کچھ نہیں۔ یہ زمین اُچھل کر میرے سینے سے آلگی تھی۔

بیوی: (وہیں سے) شروع ہو جاؤ گنتی۔

شوکت: (گھگھیا کر) نہیں نہیں۔ اب یہ میرے بس کی بات نہیں ہے۔ میرا استعفیٰ یہ حسرت و یاس۔ ہاں۔

بیوی: (مائیک کے قریب آتے ہوئے) تم سمجھتے کیوں نہیں۔ ورزش تمہارے لئے بہت ضروری ہے۔ مجھے دیکھو، دو مہینے ہی میں میری فگر کتنی عمدہ ہوگئی ہے۔

شوکت: (پھولا ہوا سانس) تمہاری فگر بُری ہی کب تھی بیگم۔ مجھے تو تم ہر طرح اچھی لگتی ہو۔ موٹی ہو تب بھی اور دُبلی ہو تب بھی۔

بیوی: پھر وہی چاپلوسی۔ تم سمجھتے نہیں کہ ورزش موٹے لوگوں کے لئے بہت ضروری ہے۔ کبھی خود کو آئینے میں بھی تو دیکھو۔

شوکت: (سانس قابو میں آگیا ہے) میرا آئینہ تو تم ہو بیگم۔ میں تو تمہیں میں خود کو دیکھا کرتا ہوں۔

بیوی: شاعری کی ضرورت نہیں — سمجھے؟ اب اِن چونچلوں کو اُٹھا رکھو۔ (سمجھاتے ہوئے) دیکھو، غور سے اپنے پیٹ کو دیکھو۔ کتنا بے ڈھنگا ہے۔ سچ مجھے تو اپنی سہیلیوں کو یہ بتاتے ہوئے بھی بہت شرم آتی ہے کہ تم میرے کیا ہو۔

شوکت: بیگم — اب میں جیسا بھی ہوں تمہارا ہوں۔ بدلنے والی چیز ہوتی تو تم بدل بھی لیتیں۔

بیوی: افوہ، عجیب اُلٹی سیدھی باتیں کرتے ہو — اچھا سو نہیں صرف پچاس ڈنڈ اور نکال لو — بس؟

شوکت: (ناراضی) میرے بس کی بات نہیں ہے، سمجھیں۔ ایک تو پہلے ہی ڈائٹنگ پر ہوں۔ اوپر سے یہ ورزش۔ سچ کہتا ہوں کہ پچاسویں ڈنڈ میں جب سینہ زمین کو چھوئے گا تو میں پھر کبھی خود سے نہ اُٹھ سکوں گا — چار آدمی ہی اُٹھا کر لیجائیں گے۔

بیوی: (غصّے سے) اچھا چپ رہو — کیسی بدشگونی کی باتیں کرتے ہو۔ اپنا بھی دماغ خراب کرتے ہو اور میرا بھی۔

شوکت: دماغ تو خراب ہے ہی میرا اوپر سے وہ کم بخت جلیبی لعل اور کر گیا — (چٹخارہ لیتا ہے) جلیبی — لا ل لا، جلیبی — ہائے کتنی لذیذ ہوتی ہے جلیبی — سچ کہتا ہوں میں تو مٹھاس کو ترس گیا۔

بیوی: ترسنا ہی پڑے گا۔ میں نے تو صرف ورزش ہی بتائی تھی لیکن تمہارے احمق دوستوں نے ہی تمہارا کھانا بند کیا ہے۔ میں نے نہیں کیا۔ جلیبی لعل اور خلیفہ کا علاج کروگے تو ایسا ہی ہوگا۔

شوکت: افوہ! — جلیبی لعل کو بہت سے ٹوٹکے آتے ہیں۔ وہ بہترین علاج کرتا ہے اسی لئے اُس کی بات مانتا ہوں۔

بیوی: (غصّہ) جو شخص خود تپ دِق کا مریض لگتا ہو وہ بھلا دوسروں کا علاج کیسے کر سکتا ہے — کیا ڈاکٹروں کا کال پڑ گیا تھا جو اِن دونوں کا کہنا مانا تم نے۔ اب بھگتو۔ میں نے تمہیں پیٹ گھٹانے کی ورزش بتائی تھی۔ اِنھوں نے جسم کو ہی گھُلا دیا۔ اِس میں میں کیا کر سکتی ہوں۔!

[دروازے پر دستک]

پیارے: (محبت آمیز لہجہ) ارے میاں شوکت ــــ اے بھائی شوکت ــــ شوکت میاں ہیں کیا۔ ؟

بیوی: لو ــــ آنے شروع ہو گئے تمہارے لاڈلے ــــ پیارے کی آواز لگتی ہے۔

(آواز پھر آتی ہے)

شوکت: (خوش ہو کر) آجا پیارے لال آجا ــــ دروازہ کھلا ہوا ہے بھائی۔ آجا آجا۔

پیارے: (دور سے مائیک کے قریب آتے ہوئے) آداب عرض بھابی آداب عرض ــــ کہیئے کیسی ہیں ؟

بیوی: ٹھیک ہوں بھیا۔ حال تو ان کا پوچھو۔ بس رتنے جا رہے ہیں۔

شوکت: نہیں بھیا ان ہی حال پوچھو ــــ بندوق کی طرح بھری بیٹھی ہیں اس وقت۔

بیوی: (غصہ) دیکھو پیارے تم انہیں دیکھ رہے ہو نا ــــ خوب غور سے دیکھو، اچھی طرح دیکھو۔

پیارے: دیکھ لیا ــــ اپنے یار شوکت ہیں۔

بیوی: (جھنجھلا کر) میرا مطلب ہے کہ ان کے پیٹ کو دیکھو۔ کوئی شکل نظر آتی ہے ان کی سیدھی! میری سہیلیاں دیکھ دیکھ کر ہنستی ہیں۔ کہتی ہیں کہ یہ موٹا سا ہوا خوب پالا تم نے۔ توپ کا گولا نظر آتا ہے۔ جہاں کہیں جاتا ہے تو اس سے پہلے اسکی توند پہنچ جاتی ہے۔ چلتا ہے تو یوں لگتا ہے جیسے لڑھکنیاں کھا رہا ہے۔ اب تم ہی بولو، کوئی بیوی اپنے شوہر کے خلاف ایسے ریمارکس سن سکتی ہے۔ برداشت کر سکتی ہے ــــ ؟

پیارے: ہرگز نہیں۔ سوال ہی پیدا نہیں ہوتا۔ ویسے تو . . . . . .

بیوی: وہ بات کاٹ کر جلدی سے) تمہیں معلوم ہی ہے کہ میں بھی پہلے ان جیسی ہی تھی۔ خدا بھلا کرے آشرم والوں کا۔ روز وہاں جا کر دو مہینے سے یوگ آسن کرتی

رہی ہوں ـــــ بعد میں اب گھر پہ شروع کر دیے۔

پیارے: ٹھیک ہے۔ میں جانتا ہوں بھابی۔

بیوی: اب نہ تو مجھے چکر آتے ہیں۔ نہ چربی چڑھتی ہے جسم پر اور نہ ہی ذرا سا کام کرکے سانس پھولتا ہے۔ میں نے ان سے کہا کہ میری فگر بہت اچھی ہو گئی ہے، مگر یہ میرا مذاق اُڑاتے ہیں۔

پیارے: فگر تو بھابی آپ کی بے نظیر ہے۔ یعنی کوئی جواب ہی نہیں ـــ بھگوان قسم کیا عمدہ فگر ہے۔ پتلی سی نازک اور لچکیلی کمر ـــ جیسے شیرنی کی ہوتی ہے۔ بھرے بھرے بازو، صراحی دار گردن، لمبا سا سرو کو شرما دینے والا قد، ہرنی جیسی چنچل آنکھیں ـــ بس کیا بتاؤں۔ وہ جو کسی شاعر نے کہا ہے کہ ......

شوکت: (معنی خیز انداز میں کھنکار کر) لمبے ادنا لائق ـــ کیا بکواس کر رہا ہے۔ ارے بھابی ہے تیری گدھے!

پیارے: (گھبرا کر) اوہ معاف کیجیے گا بھابی ـــ ذرا بہک گیا تھا۔ ویسے واقعی آپ کی فگر بہت اچھی ہے ـــ ہاں آپ کیا کہہ رہی تھیں؟

بیوی: یہی نا کیا ورزش بڑی چیز ہے؟ جسم کو خوبصورت اور سلم بنانا کیا گناہ ہے؟

پیارے: بالکل نہیں ـــ کون گدھا کہتا ہے؟

بیوی: یہی کہتے ہیں۔ تمہارے دوست۔

شوکت: جواب نہیں ـــ یعنی میں گدھا ہو گیا!

بیوی: بہت دنوں سے ان کا خاموش جائزہ لے رہی ہوں۔ بہت موٹے ہو گئے تھے۔ میں نے یوگ آسن کرنے کو بتایا وہ ان سے ہوا نہیں۔ تمہارے دوست خلیفہ مشتاق نے ڈنڈ بتائے اور حلیمی لعل نے کھانے میں احتیاط برتنے کی ہدایت کر دی۔ بس ہو گئے ہم سب گنہ گار!

شوکت: ارے تو میں پوچھتا ہوں ڈنڈ لگانے اور بہت کم کھانے سے کون
جسم ہلکا ہوا ہے کس کا۔ دفتر میں جو دن بھر فائلوں پر گدھے کی طرح
جُتا رہتا ہوں کیا وہ ورزش کافی نہیں ہے۔؟

پیارے: دیکھو بھائی شوکت۔ بھابی ٹھیک ہی کہہ رہی ہیں۔ اِن کو چھوڑو مجھے تو
دوسرے دوستوں کو بتاتے ہوئے شرم آتی ہے کہ تم میرے دوست ہو۔ یہ ہی
پوچھ بھی رہا تھا کہ تمہارا گینڈا کیسا ہے۔؟

شوکت: (غصّے سے) گینڈا ــــ! یعنی وہ شتر مرغ مجھے گینڈا کہتا ہے!

بیوی: ٹھیک ہی کہتا ہے۔ اپنی گردن دیکھو۔ گینڈے کی طرح کتنی موٹی ہے جلدی چلو
شروع ہو جاؤ۔ اب تو سانس قابو میں آ گیا ہو گا۔

شوکت: اچھی مصیبت ہے۔ پسینہ پانی کی طرح بہہ گیا پیارے لال۔

پیارے: جب تک تمہارا خون پسینہ ایک نہیں ہو جاتا۔ نہیں بھابی کا کہنا ماننا
ہی پڑے گا۔

بیوی: دیکھو یہ بات کہی ہے تم نے (اچانک کچھ یاد کر کے لگاوٹ سے) پیارے؟

پیارے: (اُسی لگاوٹ سے) ہاں جی بولیے جی۔

شوکت: (جلدی سے) ارے رے، یہ کیا ہو رہا ہے۔ تم نے یہ بار بار پیارے سے
پیارے کی رٹ کیوں لگا رکھی ہے۔ پورا نام پیارے لال کیوں نہیں لیتیں

بیوی: جل گئے؟ چلو اسی طرح خون جلاؤ اپنا۔ کچھ تو ہلکے ہو گے۔

[ہنستی ہے]

پیارے: یار کیوں دماغ خراب کر رہے ہو اپنا۔ ارے میری بھابی ہیں پیارے
پیارے کہہ دیا تو کیا ظلم ہو گیا؟

شوکت: ہونھ! بڑا پیارا آیا ــــ ہرگز نہیں، بس یہ رومانٹک لہجہ برداشت

نہیں کر سکتا ــــ سمجھیں تم؟

پیارے: بھابی میرا خیال ہے کہ سوڈنڈ بہت کم ہیں۔ خلیفہ کو زیادہ تبلانے چاہیے تھے۔

شوکت: ہاں ہاں توپ سے اڑا دو۔ چکی میں پسوا دو ــــ نہ رہے گا بانس نہ بجے گی بانسری۔

پیارے: کم سے کم پانچ سوڈنڈ تو لازمی ہونے چاہئیں۔ اور کھانا بھی بہت کم ہو جانا چاہیئے۔

شوکت: کیوں جلے پہ نمک چھڑک رہا ہے پیارے لال ــــ ارے کھائے بغیر بھی کوئی زندہ رہ سکتا ہے۔!

بیوی: لوگ زندہ رہنے کے لئے کھاتے ہیں، کھانے کے لئے زندہ نہیں رہتے ــ جلیبی لال نے کم کھانے کے لیے کہا ہے تو ایسا ہی کرنا ہوگا۔

شوکت: (بلند لہجہ) سوچ لو ــ سوچ لو۔ ایسا ہی کرتا رہا تو ایک دن دنیا سے غائب ہو جاؤں گا ــــ ہاں اب بھی سوچ لو۔

بیوی: سوچ کیا لوں۔ تمہارے دوست جلیبی لال آگئے تو تم ان سے ہی پوچھ لینا کہ میں نے غلط کہا ہے۔

شوکت: (خفتہ) جلیبی ــــ! ارے وہ تو بہت برا آدمی ہے۔ البتہ اس کا نام مزیدار ہے ــــ جلیبی ــــ جلیبی (لذت) آہ جلیبی۔

بیوی: پھر وہی ندیدہ پن ــــ پیارے دیکھو میں کل ایک مہینے کے لیے میکے جا رہی ہوں۔ میں چاہتی ہوں کہ میری عدم موجودگی میں یہ برابر ورزش کرتے رہیں اور کھانے پینے میں بھی احتیاط برتیں۔ اب بتاؤ ان کی دیکھ بھال کون کرے گا؟

پیارے: میں کروں گا بھابی۔ اپنا بوریا بستر اٹھا کر یہیں لے آؤں گا جلیبی اور خلیفہ کو بھی بلا لوں گا۔ جلیبی اپنے ہاتھ سے کھلائے گا اور خلیفہ ورزش

کی نگرانی کرتے رہیں گے۔

شوکت : (جلدی سے) نہیں نہیں۔ میں کسی کی نگرانی میں ورزش نہیں کروں گا۔ اپنے آپ ہی کرتا رہوں گا۔

بیوی : (محبت آمیز لہجہ) تم سمجھتے کیوں نہیں اگر تم بھی سلم ہو جاؤ گے تو پچھلے سبھی سوٹ تمہارے فٹ آجائیں گے۔ پھر شادی پر جو شیروانی تم نے پہنی تھی اور جو اب چھوٹی ہو گئی ہے وہ بھی فٹ آجائے گی۔ وہ تم پر کتنی اچھی لگی تھی۔

شوکت : (بیوی جیسا لہجہ) ہاں ہاں — اُسے تو میں بھول ہی گیا تھا — وہ شیروانی — آہا۔

بیوی : ہائے میں ترستی ہوں کہ تم مجھے کبھی وہ شیروانی زیب تن کر کے دکھاؤ۔ سچ نواب نظر آتے تھے نواب۔

شوکت : (رشتہ خطبی ہو کر) ہائے — کیا زمانہ یاد دلایا! میں تو خیر شیروانی میں لگتا ہی اچھا تھا لیکن تم بھی تو کچھ کم حسین نظر نہ آتی تھیں۔ غرارے میں تو بالکل ملکہ نور جہاں معلوم ہوتی تھیں۔ کیا دور تھا وہ — کیا جوانی اور حسن تھا تمہارا — بخدا جی چاہتا ہے کہ میں.......

پیارے : (معنی خیز انداز میں کھنکار کر) اے بھائی شہزادہ سلیم۔ با ادب با ملاحظہ ہوشیار! میں بھی موجود ہوں یہاں — خیال رہے اس بات کا۔

شوکت : کیا کروں یار۔ وہ دن یاد کر کے تو سینے پر سانپ لوٹ جاتا ہے۔ ہائے ظالم!

بیوی : (جھینپ کر جلدی سے) ان کے دیدوں کا تو پانی ڈھل گیا ہے پیارے۔ موقع اور وقت کا خیال ہی نہیں کرتے — اگر یہ ہم سب کا کہنا مان لیں تو ان کا ہی فائدہ ہے۔ سب دوست تعریف ہی کریں گے۔

شوکت : (شرارت سے) دوستوں کی تعریف بیرے کس کام کی۔ تمہاری سہیلیاں تعریف کریں تو کوئی بات بھی ہے —— کیوں پیارے لال ؟

پیارے : (بیزاری) مجھے تو معاف ہی رکھو اور اب ٹالو مت۔ شروع ہو جاؤ۔

بیوی : (ناراضی سے) دو سال ہو گئے ہیں شادی کو۔ مگر تاک جھانک کی عادت نہیں گئی اِن کی۔

پیارے : بھابی تم فکر مت کرو۔ شوق سے میکے جاؤ۔ میں اِسے ٹھیک کردوں گا۔ بھگوان قسم گُھلا گُھلا کر چھچھوندر نہ بنا دیا تو نام نہیں۔ ابھی خلیفہ شدّو پہلوان اور جلیبی لعل بھی آنے والے ہیں۔ اُن سے اور مشورہ ہو جائے گا۔

شوکت : لو اور لو —— مرے کو مارے شاہ مدار۔ انہیں بھی آج ہی ٹپکنا تھا۔ ارے بھیّا دفع کردے اُن دونوں کو۔

پیارے : بھئی رائے تو لینی ہی پڑے گی۔ اُن کے مشورے کے بغیر بھلا کوئی کام ہو سکتا ہے۔!

بیوی : یہ اچھا ہوا اب مجھے میکے میں رہ کر کوئی فکر نہ ہوگی۔

پیارے : بھابی آپ ذرا فکر نہ کریں۔ شوق سے رامپور جائیں۔ جب تم میکے سے واپس آؤ گی تو اپنے شوہر کو پہچان ہی نہ سکو گی۔

شوکت : (شکایتی لہجہ) اب بھی کون سا پہچانتی ہیں۔ اِس طرح ملتی ہیں جیسے جان پہچان ہی نہ ہو۔

پیارے : بہت دیر ہوگئی۔ میرے خیال میں میں جا کر خلیفہ اور جلیبی کو لے ہی آؤں۔

[آواز مائیک سے دور ہوتی جاتی ہے]

شوکت : (چلّا کر) کوئی ضرورت نہیں ہے اُن کو لانے کی۔ میں ورزش نہیں کروں گا۔ سمجھے ؟ —— پیارے لال —— پیارے لال۔

بیوی : (ہنس کر) اب تو وہ چلے بھی گئے۔ پکارتے رہو۔

شوکت: (نقل اتار کر) اب تو وہ چلے بھی گئے۔ تمہارے دل میں بہت لڈّو پھوٹ رہے ہیں نا ——؟

بیوی : (ہنسی) پھوٹنے ہی چاہیں۔ تم تندرست رہو گے تو مجھے تو خوشی ہو گی ہی۔

شوکت : ارے تندرست تو میں اب بھی ہوں۔ تم ہی نے بیمار ڈال رکھا ہے اور تمہارا آہی بیمار بھی ہوں۔ (معنی خیز لہجہ) —— کیوں ٹھیک ہے۔؟

بیوی : (شرما کر) بدتمیزی مت کرو۔ میں تو ......

[دروازے پر دستک] کون آیا اب ——؟

خلیفہ شدّو : (دُور سے پکار کر) اماں شوکت میاں ہیں دیئی ——؟

جلیبی لعل : شوکت بھائی —— کیا اندر آجائیں ہم دونوں؟

بیوی : (بلند آواز) آجائیے چچا آجائیے۔ (ہلکی آواز) شروع ہو جاؤ ورنہ وہ ناراض ہوں گے۔

شوکت : اجی چھوڑو —— پہلے اُنہیں معائنہ تو کر لینے دو۔

خلیفہ : میاں میں ذرا اِدھر سے گذر رہا تھا سوچا تمہاری بھی خیر صلاّ پوچھ لوں۔ کیسے ہو دیئی؟

جلیبی : سنا ہے آجکل بہت زور شور سے ہماری باتوں پر عمل ہو رہا ہے۔

شوکت : ہاں ہو تو رہا ہے۔ (بیزاری) آپنے خلیفہ ورزش تو بتائی تھی۔ مگر اپنے نہیں ہوتی۔

خلیفہ : ہائیں —— یہ کیا ہو رہا ہے دیئی۔

شوکت : ابھی تک تو کچھ نہیں ہوا۔ آپ لوگوں کے مشورے جاری رہے تو کچھ نہ کچھ ہو ہی جائے گا۔

بیوی: خلیفہ چچا بس یہ تو ایسے ہی بولتے ہیں۔ آپ نے ورزش کیا بتا دی تھی کہ بس جان کو آ گئے ہیں۔

خلیفہ: ورزش میں کیا بُرائی ہے شوکت میاں؟

بیوی: میں تو آج ہی میکے جا رہی ہوں۔ ٹرین کا وقت بھی ہو رہا ہے۔ میں اِن سے ورزش کو کہتی ہوں تو اِن کے کان پر جوں ہی نہیں رینگتی۔ میرے جانے کے بعد تو یہ اور بھی ایڈ نے رہیں گے ورزش نہیں کریں گے چچا۔

جلیبی: کیوں بھئی شوکت میاں۔ ہمت ہار گئے؟

بیوی: میں نے ڈنڈ لگانے کو کہا تو بیس میں ہی چیں بول گئے۔

خلیفہ: فکر مت کرو بیٹی۔ اب تو میں آ ہی گیا ہوں۔ اب ایک ہزار ڈنڈ پیلیں گے

شوکت: (خوف سے) مر گیا۔ اب تو بالکل ہی مر گیا۔

جلیبی: یار تم گھبرا کیوں رہے ہو۔ اگر یہی حال رہا تو بن چکے تم ہیرو۔

بیوی: ہیرو — کیا مطلب ہے تمہارا جلیبی لال؟

جلیبی: بھابی میں نے شوکت سے کہہ دیا تھا کہ اگر یہ دُبلا پتلا ہو جائے تو ہیرو بن سکتا ہے — میری جان پہچان ہے فلم کمپنی میں۔ میں ایک منٹ میں فلم کا ہیرو بنوا دوں گا اسے۔

شوکت: (ڈانٹ کر) ارے راز کی بات اِن کے سامنے کیوں کہہ رہے ہو؟ یہ تو ولِن بھی نہ بننے دیں گی۔

بیوی: اگر ایسا ہی ہے تو ہرج کیا ہے۔ ہیرو بنیں گے تو مجھے بھی خوشی ہو گی — سبھی محلّے والے تعریف کریں گے۔

خلیفہ: ٹھیک بات ہے۔ دبلے پتلے آدمی میں ہی پھرتی اور جان ہوتی ہے۔ جان بناؤ شوکت میاں — جان ہے تو جہان ہے پیارے —!

شوکت : (بیزاری) اجی جان ہی کہاں رہے گی جو جہان باقی رہے گا۔ جب تم جیسے تین مسیحا مل جائیں تو جان کا تو خدا ہی حافظ ہے۔

خلیفہ : اتنا فکر مت کرو شوکت میاں — آج ہی بائیسکوپ میں لگی وی اسٹیشن پر وزن کراؤ اپنا — اگر ورزش نے کام دکھایا ہوگا تو وزن ٹھیک نکلے گا۔ لیکن اگر جاستی ہوا تو پھر تو بھیا اور ورزش کرنی پڑے گی۔

جلیبی : بلکہ ایسا کرو کہ آج ہی دودھ، دہی مکھن اور روٹی سب بند کردو۔ اور...

شوکت : (غصہ) تو کیا روزہ رکھواؤ گے مجھ سے — ابھی تو رمضان بہت دور ہیں۔

بیوی : (بڑی طرح ہنستی ہے) تم تو ایک منٹ میں گھبرا جاتے ہو — پہلے جلیبی بھیا کی بات تو سن لو۔

شوکت : کیا خاک سنوں — میرا یار حلق کا دریان بنا جا رہا ہے۔ کھانا پینا بند کرا رہا ہے۔ ارے بھائی دودھ، دہی مکھن تو پہلے ہی سے بند ہے۔

جلیبی : بالکل ٹھیک لیکن اب چربی والی چیزیں بھی بالکل نہ کھاؤ۔

خلیفہ : بلکہ کھانے میں تھوڑا سا سبزی کا رس۔ مٹر کے چند دانے اور ستوؤں کا پانی — یہ ٹھیک رہے گا۔

جلیبی : دیکھ لینا شوکت میاں — کایا پلٹ نہ ہو جائے تو نام پلٹ دینا میرا۔

شوکت : (ہزیمت خوردہ لہجہ) چلئے صاحبان! آپ لوگ بھی اپنا شوق پورا کر لیجئے۔ اگر زندگی آپ حضرات کے ہاتھوں ہی ختم ہونی ہے تو یونہی سہی۔ سر تسلیم خم ہے جو مزاج یار میں آئے۔

بیوی : (تنگ آکر) اُنوہ! — کیوں بار بار ایسی بدشگونی کی باتیں کرتے ہو۔ اب اگر الٹی سیدھی بولے تو سچ کہتی ہوں کہ بستر کھلوا دوں گی اپنا اور نہیں جاؤں گی میکے — سمجھے؟

شوکت: (مردہ لہجہ) نہیں بیگم صاحبہ۔ مجھ ناتواں بکرے کو ان قصائیوں کے سپرد کرکے آپ تشریف لے جائیے۔ --- زندہ رہا تو ایسی پہ ملاقات ہو جائے گی۔

بیوی: (غصہ) دیکھا چچا --- دیکھ لیا آپ نے! آپ کو قصائی بنا رہے ہیں۔

خلیفہ: یار شوکت میاں۔ یہ تمہارا ہی بھلا تو چا رہی ہیں۔ کیوں بن ناحق پریشان کرتے ہو ان کو۔

بیوی: خیر میرا تو جانے کا وقت ہو گیا ہے۔ نہیں کرتے ورزش نہ کرو۔ میری بلا سے۔ بیل کی طرح ہانپتے ہوئے چلتے تھے۔ تمہارا ہی بھلا چاہتی تھی مگر نے کی آنکھوں میں نون دیا اُٹھتے کہا میری آنکھیں پھوٹیں --- میں اب نہیں رک سکتی۔ میں تو جاتی ہوں۔ [آواز دور ہوتی جاتی ہے] رکشا والے کو بھیج دیتی ہوں۔ وہ اٹیچی اور بستر بند لے جائے گا۔

جلیبی: چلی گئیں بھابی --- چلو چھٹی ہوئی (گاکر) وہ میکے چلی گئی تم دیکھتے رہو۔ (منشا سے)

خلیفہ: لیکن یہ تو دیکھو جلیبی یار۔ جاتے جاتے وقت کیسے مزے سے ہمارے یار کو گدھا بنا گئیں؟

جلیبی: اب اس میں ہم کیا کہہ سکتے ہیں۔ میاں بیوی کے مذاق کی باتیں ہیں۔ کیوں بھئی شوکت میاں؟

شوکت: چھوڑو یار --- خواہ مخواہ دل جلا گئیں بیگم صاحبہ۔ اور تم جلے پر تیل چھڑک رہے ہو!

خلیفہ: اچھا اب ایسا کرو کہ ہماری بات مان کر بائیسکوپ تک چلو۔ وہاں تمہارا وزن کرا لیتے ہیں۔ اگر وزن ٹھیک ہے تو بن ناحق میں پاپڑ بیلنے کی کیا ضرورت۔ ورزش بند کر دینا۔

جلیبی: لیکن اگر وزن زیادہ ہوا تو پاپڑ بیلنے پڑیں گے ہی --- فلم کا ہیرو بنتا

کوئی آسان کام نہیں ہے۔ اُستاد!

خلیفہ: ہاں یہ بات تو ہے ـــ آؤ شوکت میاں۔

شوکت: ٹھہر جاؤ بھائی۔ رکشا والا سامان تو لے جائے بیگم صاحبہ کا۔

جلیبی: وہ تو لے بھی گیا۔ میں نے دیکھ لیا تھا۔

شوکت: بس تو پھر آؤ ـــ سینما تک چلتے ہیں۔ جہاں تم لوگوں نے اتنا علاج کیا ہے وہاں تھوڑا اور سہی۔

[ساز بجتا ہے]

[شوکت کی آواز بیحد کمزور ہو گئی ہے۔ بولتے بولتے سانس پھول جاتا ہے۔ ظاہر کرتا ہے کہ وہ، چارپائی سے لگ گیا ہے۔ اُس کی یہ نحیف آواز ڈرامے کے آخر تک برقرار رہے گی]

شوکت: (نقاہت) ہائے ـــ ہائے۔ ارے پیارے لال ـــ وہ منحوس پہلوان دفع ہوا کہ نہیں۔؟

خلیفہ: میں تمہیں چھوڑ کر کہاں جاؤں گا شوکت میاں۔ میں تو صبح سے اسی جگہ بیٹھا ہوا ہوں۔

پیارے: بولو بولو ـــ کیا بات ہے۔ اپنا یار جلیبی لعل بھی موجود ہے۔

شوکت: (اشتیاق) جلیبی موجود ہے ـــ جلیبی ـــ ہائے کتنی لذیذ اور رسیلی ہوتی ہے جلیبی۔ (چٹخارہ) جلیبی گرما گرم جلیبی!

جلیبی: یار کیا ہو گیا ہے تمہیں ـــ کیوں میرے نام کو نظر لگاتے ہو۔ ہڈیوں کا سب رس نکل جائے گا!

پیارے: کوئی بات کہنی ہے کیا ـــ کہو کہو۔ کہہ ڈالو۔

شوکت: (نقاہت) بس ـــ میری آخری خواہش پوری کر دو کوئی ـــ اسے

مجھے قورمہ، بریانی، زردہ۔ شامی کباب، شیرمال اور کھیر منگوادو۔
ہائے۔ ہائے۔ (گلوگیر لہجہ) نہیں منگوانے تو دور ہی سے دکھادو۔

خلیفہ: کیسی باتیں کررہے ہو شوکت میاں۔ تمہیں یہ چیزیں نہیں کھانی۔ میں نے نوکرانی کو کہہ دیا ہے کہ ایسی مرغن چیزیں گھر میں نہ آئیں کیوں جلیبی لال؟

جلیبی: ہاں بھائی شوکت۔ ایسی چیزیں کھانے سے جسم پر چربی چڑھتی ہے۔

شوکت: (نقاہت) ارے چربی تو تمہاری آنکھوں پر چڑھ گئی ہے جو دوست کی تکلیف دکھائی نہیں دیتی — ہائے میں تو بھوکا مرگیا پہلوان — میرا تو پیٹ ہڈیوں سے لگ گیا — ہائے ہائے — ارے یہ تمہارا علاج کب تک چلے گا اور تم تینوں ملک الموت کب تک میرے سر پر سوار رہو گے۔

پیارے: یار ایسی باتیں مت کرو شوکت۔ ہمارا کلیجہ موہنہ کو آتا ہے۔

خلیفہ: میں بھی یہ بات دسویں بار سُن رہا ہوں شوکت میاں۔ برداشت کی بھی ایک حد ہی ہوتی ہے — ہاں۔ خلیفہ رشید ویسے تو کسی کا علاج کرتا نہیں اور اگر کرتا ہے تو . . . . .

شوکت: (نقاہت۔ بیزاری) تو اُسے قبر میں پہنچا کر ہی دم لیتا ہے — یہی کہنا چاہتے تھے نا؟

پیارے: یار ایسا مت کہو۔ بس تھوڑی سی کسر رہ گئی ہوگی اب تو۔ اگر تم سنیما تک چل سکو تو دوبارہ وزن کرا لیتے ہیں۔

شوکت: وزن تو بالکل ہی گھٹ گیا ہے۔ ہڈیاں بھی اندر سے کھوکھلی ہوگئی ہوں گی۔ جو گوشت اور چربی تم احمقوں نے گھُلا دی ہے۔ وہ اب تھوڑی ہی چڑھے گی جسم پر — ہائے — اُف!

خلیفہ : قسم ہے پیدا کرنے والے کی کوئی اور مجھے احمق کہتا تو اُٹھا کے پٹخ دیتا۔ ہاں

شوکت : اب کون سا تم نے زندہ چھوڑ رکھا ہے پہلوان۔ تمہارے علاج نے تو بخنی دے ہی ڈالی ہے — ہائے ہائے۔

پیارے : تمہیں بھوک لگ رہی ہوگی۔ اچھا میں ناشتہ لاتا ہوں۔

شوکت : رہنے دے بیٹھ جا۔ مجھے معلوم ہے ناشتہ کیا ہوگا۔ بغیر نمک کا سبزیوں کا عرق۔ (گلوگیر لہجہ) اور دو چمچے پھر ستّو — معلوم ہے۔ مجھے معلوم ہے۔ ہائے مجھے کس کی نظر کھا گئی۔ (روتا ہے)

پیارے : جلیبی لال کی لگ گئی ہوگی۔ وہی تمہیں فلم میں ہیرو کا پارٹ دلوا رہا ہے اور اسی کے کہنے پر تم ہلکے ہو رہے ہو۔

شوکت : (ندیدے پن سے) جلیبی لال — یا جلیبی لال — (زور دے کر) جلیبی — گرم گرم جلیبی۔

[پھر رونے لگتا ہے]

جلیبی لال : ارے رے — یہ کیا ہو رہا ہے شوکت میاں۔ یہ رونا کیوں شروع کر دیا۔؟

شوکت : (روتے ہوئے) اب میں رو رہا ہوں۔ بعد میں تم مجھ پہ رونا۔ جی بھر کے رونا۔

جلیبی : سمجھ میں نہیں آتا کہ اب ہم لوگ کیا کریں۔؟

شوکت : دفع ہو جاؤ یہاں سے — ہائے میری کیا حالت کر دی۔ ارے نقاہت تو دیکھو میری۔ ہاتھ بھی خود سے اوپر نہیں اُٹھتا — بیگم ہوتیں تو انہیں کچھ تو ترس آتا مجھ پہ۔ فاقے کرا کر مجھے لبِ گور کر دیا تم سب نے — ظالمو! — ہائے ہائے۔

خلیفہ : (ناراضی) دیکھو شوکت میاں۔ اب جاسکتی کچھ مت بولو میں خود

یہاں سے چلا جاؤں گا — ہاں، کئے دے رہا ہوں۔

شوکت: (ناراضی۔ نقاہت) ارے تو بلایا کس مردود نے تھا — دفع ہو جاؤ۔
ہائے مر گیا۔ مجھ سے تو اب چیخ کر بولا بھی نہیں جاتا۔

خلیفہ: دیکھو میاں شوکت۔ میں برابر لحاظ کئے جا رہا ہوں اور تم اپنی ہی ہانکے
جا رہے ہو!

پیارے: پہلوان برا کیوں مان رہے ہو۔ کمزور آدمی چڑچڑا ہو ہی جاتا ہے۔ درگذر کرو۔

خلیفہ: ایسی بات نئی ہے پیارے لال۔ اِن کی خاطر جیسو ہی جبوا کھا کر سکتے آجاتا ہوں۔
بڑھیا کے خیال سے رات بھر ڈسی جنگ سوتا ہوں۔ اِن کے کھانے پینے کا
خیال رکھتا ہوں۔ اِتنی بے قدری تو ہم نے اپنی کبھی نئی دیکھی دیکھی!

شوکت: (کمزور آواز) کھانے پینے کا خیال رکھتے ہو! ارے خود تو یہ شخص سامنے
بیٹھ کر دو مرغ۔ چار پلیٹ برّہ کباب۔ دو پلیٹ بریانی اور چار
جوس کے گلاس پی جاتا ہے اور مجھے (بسورتا ہے) مجھے دہی دو چمچے بھر
جَو کے ستّو اور سبزیوں کا عرق پلاتا ہے۔

خلیفہ: اِس کی ایک وجہ ہے۔ یہی تو علاج ہے۔ دوسروں کو کھاتا دیکھ کر
تمہارے دل میں صبر پیدا ہوتا ہے۔ تم اپنے نفس کو کچلتے ہو۔ دوسروں کو
روز مکھن کھاتے دیکھ کر......

شوکت: (بے صبری۔ ندیدہ پن) مکھن! — ہائے کس چیز کا نام لے دیا۔
مکھن۔ (چٹخارہ) واہ — کیا ذائقہ ہوتا ہے — یار جلیبی!

جلیبی: بولو بولو۔ کیا بات ہے؟

شوکت: مکھن میں لپیٹ کر تھوڑی سی جلیبیاں ہی لا دے۔

[روتا ہے]

خلیفہ : نہیں نہیں ہرگز نہیں میں نئی کھانے دوں گا۔ مکھن تمہارے لئے زہر ہے۔
شوکت : (نقاہت) ہاں جو چیز دوسروں کیلئے امرت ہے۔ میرے لئے زہر ہوگئی۔
[روتا ہے]
جلیبی : ارے رے ـــ یہ کیا شوکت میاں۔ عورتوں کی طرح ٹسوے کیوں بہا رہے ہو؟
یار بس تھوڑی سی کسر رہ گئی ہے۔
خلیفہ : بھئی بہت بڑیائی کی بات ہے۔ تم تو بہت زلدی پریشان ہوگئے۔
شوکت : (غصہ) اسے جلدی کہتے ہیں۔ ایک مہینے تک تم نے مجھے تگنی کا ناچ نچایا
ہے بیگم چلی گئیں تو تمہیں بھی من مانی کا موقع مل گیا۔ اگر وہ ہوتیں تو۔۔۔
[دروازے پر دستک] اگر وہ ہوتیں تو تم ـــ تم۔۔۔
بیوی : (مائیک سے دور) دروازہ کھولو ـــ کھولو دروازہ۔ ارے کوئی ہے اندر؟
پیارے : (خوش ہوکر) بھابی آگئیں۔ میں دروازہ کھولتا ہوں اور سامان اٹھا کر
لاتا ہوں۔ (آواز مائیک سے دور ہوتی جاتی ہے)
خلیفہ : سچ کہہ رہا ہوں شوکت میاں۔ جتنی چربی میں نے تمہاری گھلائی ہے آج
تک کسی کی نہیں گھلائی ـــ ہاں۔
جلیبی : ہاں یار! یہ کار میں اُلٹا کھٹولا لے کر پڑ گئے ہو۔ اتنی چربی تھوڑی ہی
گھلی ہے کہ ہل بھی نہیں سکتے!
خلیفہ : اب تمہاری بیگم آگئی ہیں۔ دیکھیں دیکھ کر ہرن کی طرح چوکڑیاں بھروگے
میاں ـــ سچ کہہ رہا ہوں۔
شوکت : (نقاہت) فی الحال تو میں کیڑے کی طرح رینگ بھی نہیں سکتا۔
چوکڑیاں بھرنا تو دور کی بات ہے خلیفہ ـــ!
بیوی : (دور سے آتے ہوئے اشتیاق سے) ـــ کیسے ہیں۔ کدھر ہیں پیارے؟

پیارے: (خوشی کے ساتھ) اندر چلو سجا بی. کمرے کے اندر ہی ہیں. خلیفہ اور حلیمی بھی ہے. ہم میں سے کوئی بھی یہاں سے نہیں ہلا.

بیوی: (مائیک کے قریب آکر) سلام خلیفہ چاچا — سلام بھیا حلیمی — کہاں ہیں شوکت صاحب؟.

خلیفہ: وہ رہے — بیٹی ایسا بنادیا ہے دِن کو کہ بس چودہ سال کے لمڈے لگتے ہیں.

بیوی: (حیرت) وہ تو ٹھیک ہے مگر وہ ہیں کدھر؟

پیارے: وہ — اُدھر لیٹے ہوئے ہیں زمین پر.

بیوی: (تعجب) زمین پر — کس طرف — مجھے تو نظر ہی نہیں آرہے.

شوکت: (کمزور اور سوتا لہجہ) — دیکھو مجھے جو دیدۂ عبرت نگاہ ہو — میں یہاں ہوں — ہڈیوں کے اِس ڈھیر کو ہی شوکت خاں کہتے ہیں بیگم.

بیوی: (بڑی طرح چیخ کر) ہائے میں مرگئی — یہ کیا ہوگیا تمہیں. خلیفہ چاچا. پیارے، یہ کیا حالت ہوگئی ہے اِن کی؟.

شوکت: (کمزور آواز) فانی کا شعر پڑھنے کو جی چاہتا ہے (اٹک اٹک کر پڑھتا ہے)

سنے جاتے نہ تھے تم سے مرے دن رات کے شکوے

کفن سرکاؤ میری بے زبانی دیکھتے جاؤ!

(بڑی طرح روتا ہے)

بیوی: (چیخ کر) ہائے اللہ — یہ تو بہت کمزور ہوگئے. ارے آپ لوگوں نے کیا کردیا ہے اِن کا؟

خلیفہ: میں نے تو بی پی ڈینڈ بیٹھکیں نکلوائی تھیں. اور کھانے میں کمی کردی

تھی۔ بس!

جلیبی: اِن کا وزن کرایا تھا میاں۔ بہت زیادہ نکلا تھا۔ بس اُسی دن سے کھانا پینا بند کر دیا تھا، اِن کا۔

پیارے: اور یہ سب کچھ ہوا میری نگرانی میں تھا۔ کیا بہت زیادہ کمزور ہوگئے؟۔ کمزور تو نہیں البتہ دُبلے ضرور ہوگئے ہیں۔

شوکت: بہت دُبلا ہوگیا ہوں بیگم۔ جلیبی لال کہتا ہے کہ دس بارہ سال کا لڑکا نظر آتا ہوں ۔۔۔ (کراہتا ہے)

بیوی: (غصے) ہاں ہاں ضرور نظر آتے ہو۔ اِن کا علاج زیادہ چلتا تو ایک دن پالنے ہی میں لیٹے ہوئے نظر آتے۔

جلیبی لال: علاج تو بھابی ایسا ہی ہوا کرتا ہے۔ دُکھ تو جھیلنا ہی پڑتا ہے۔

بیوی: (طنز) ہاں جیسے میں تو کچھ جانتی ہی نہیں۔

شوکت: اِن تینوں موت کے فرشتوں نے مجھے لبِ گور کر دیا ہے بیگم (کراہتا ہے) ہائے ۔۔۔ ایک ماہ تک مجھے کمرے میں بند رکھا، کبھی اُلٹا لٹکایا، کبھی کروٹ کے بل لڑھکنیاں دیں۔ کبھی چت لِٹا کر میرے پیٹ پہ سِل رکھ دی۔ (سسکتا ہے)

بیوی: (غصے سے) اِس سے تو بہتر یہ تھا کہ حلق پر چھری چلا دیتے ۔۔۔ واہ! یہ اچھی رہی۔

خلیفہ: وہ تو بیٹی اِس لئے کیا کہ اِن کا پیٹ گھٹ جائے۔ اِس میں بُرائی کیا تھی بھلا؟

شوکت: (کمزور آواز) مجھے ۔۔۔ مجھے ۲۴ گھنٹوں میں ایک پیالی جو کے ستو اور ایک پیالی سبزیوں کا عرق دیا جاتا تھا ۔۔۔ اور سویرے مونہہ

میں تو کبھی ایک مکھی بھی اُڑا کر نہیں گئی ــــــ اتنی کمزوری ہے کہ اگر جسم پر مکھی بیٹھ جاتی ہے تو اُسے اُڑانے کے لئے ہاتھ ہی نہیں اُٹھتا ۔ ہائے ۔ ہائے ۔ مجھے کیا ہو گیا بیگم ؟

بیوی : (غصہ) بڑا احق روشنی اداکیا ہے پیارے ـــ شرم نہیں آتی تم سب کو ؟

پیارے : بھابی تم نہ جاتے وقت خیال رکھنے کو کہا تھا وہ ہم سب نے رکھا ـــ کہنا ہی تو ماننا تمہارا ۔

بیوی : بس خاموش رہو اور جلدی جا کر ڈاکٹر کو لے آؤ ۔

پیارے : ابھی جاتا ہوں ۔ (چٹکی بجا کر) بس یوں گیا اور یوں آیا ۔

[آواز دور ہوتی جاتی ہے]

شوکت : (نقاہت) ڈاکٹر کی کیا ضرورت ہے بیگم ـــ اب تو بس آخری وقت آگیا ہے ۔

بیوی : (چیخ کر ایکدم روتی ہے) خدا نہ کرے ـــ کیوں کرتے ہو ایسی باتیں ۔ یہ سب میرا ہی کیا دھرا ہے ۔ میں کم بخت نہ جانے کیوں چلی گئی تھی ۔ ؟

شوکت : (کمزور لہجہ) اب بھلا افسوس کرنے سے کیا فائدہ ۔

در و دیوار پہ حسرت سے نظر کرتے ہیں
خوش رہو بیوی میری ہم تو سفر کرتے ہیں ۔

بیوی : (چیخ کر) ارے نہیں ـــ خدا کے لئے چپ ہو جاؤ ۔ ایسی باتیں مت کرو ۔

[روتی ہے] سفر کریں تمہارے دشمن ۔

خلیفہ : میاں میں تو سمجھ رہا تھا کہ تم بڑے ہمت والے ہو ۔ اب مجھے کیا معلوم تھا کہ اتنے دنوں میں ہی تمہاری کایا پلٹ ہو جائے گی ۔ !

شوکت : اب تو میں تمہاری سہیلیوں کا کھانا اچھا لگوں گا نا ـــ ہائے ہائے ۔

اب تو میں موٹا نہیں رہا :

بیوی : (روتے ہوئے) مت کرو ایسی باتیں۔ کلیجہ مونہہ کو آتا ہے۔ مجھ نامراد نے کیوں کہا تھا تم سے ورزش کرنے کے لیئے۔

خلیفہ : (نادم ہیں) میں تو بیٹی سچ کہہ رہا ہوں۔ اس وقت تو ڑی تک میں نے کچھ نہیں کہا۔ میں نے تو شوکت میاں سے ہاتھ کی انگلیاں پیر کے انگوٹھوں سے چھونے کے لیئے کیا تھا۔ مجھے کیا معلوم تھا کہ اِن کی سب کمانیاں یوں ٹیڑھی ہو جائیں گی۔؟

بیوی : اچھا تو اِنہیں اُٹھا کر کرسی پر تو بٹھاؤ۔

جلیبی : بٹھاتے ہیں۔ مگر ہم نے ایک بار بٹھایا تھا تو اِدھر اُدھر گرنے لگے تھے یہ۔

خلیفہ : پھر ہم نے رسّی سے شوکت میاں کو کرسی کی کمر سے باندھ دیا تھا۔ تب یہ کبھو آگو گرتے لگے کبھو پیچھو۔

بیوی : (بےحد غصّہ) پورے کس بل نکال دیئے — بٹھلیئے اب دونوں، میں انہیں پکڑے رہوں گی۔

جلیبی : ابھی بٹھائے دیتے ہیں بھابی۔

[ایسی آوازیں جن سے ظاہر ہو کہ سب مل شوکت کو کرسی پر بٹھا رہے ہیں — اچانک دستک ہوتی ہے]

حکیم : (دُور سے) ارے بھئی میں اندر آرہا ہوں۔ کیا آجاؤں اندر؟

جلیبی : (حیرت سے) یہ کون آیا — آواز تو کسی بڈھے کی لگتی ہے۔ شاید حکیم صاحب ہیں۔

بیوی : (جلدی سے) ہاں وہی ہیں۔ (پکار کر) آجایئے۔ اندر آجایئے کون صاحب ہیں؟

حکیم : (دور سے قریب آتے ہوئے) میں ہوں۔ اکمل الاطبّا۔ شفا الملک، حاذقِ زمان، حکیم منقی خاں۔

شوکت: (کمزور آواز) لو ــــ وہ ملک الموت آ گئے۔ مجھے پکڑے رکھو بیگم۔ میں گرے جا رہا ہوں۔ (کراہتا ہے)

بیوی: میں نے پکڑ لیا ہے۔ آئیے حکیم صاحب آئیے۔ اچھا ہوا کہ آپ بھی آگئے۔

حکیم: بیٹی راستے میں پیارے لال ملا تھا۔ معلوم ہوا کہ شوکت میاں کے دشمنوں کی طبیعت ناساز ہے۔؟

شوکت: (کمزور آواز) ارے میرے تین دشمن تو دندناتے پھر رہے ہیں۔ طبیعت تو میری خراب ہے حکیم صاحب۔

حکیم: (حیرت) مگر ــــ مگر شوکت میاں آپ کی یہ آواز کدھر سے آرہی ہے؟

شوکت: میں ــــ میں یہاں ہوں حکیم صاحب ــــ یہاں اس کونے میں کرسی پر ہائے ــــ ہائے۔

حکیم: ہائیں ــــ بھئی یا تو میری نظر کمزور ہوگئی ہے یا پھر آپ مذاق کر رہے ہیں۔ بخدا آپ تو مجھے دکھائی ہی نہیں دیتے ــــ

بیوی: (ٹھنڈی سانس لے کر) ہاں حکیم صاحب یہی تو رونا ہے۔ بہت دبلے ہو گئے ہیں۔

حکیم: اور آپ خلیفہ شدو اور جلیبی لال۔ آپ یہاں کیا کر رہے ہیں بھئی۔؟

خلیفہ: یار حکیم صاحب تمہارے آنے سے پہلے ہم دونوں کا ہی علاج چل رہا تھا (ہنستا ہے)

بیوی: آئیے اس خالی کرسی پر بیٹھئے ــــ دیکھئے یہ بیٹھے ہیں شوکت صاحب۔

حکیم: ارے ــــ انہیں کیا ہوا ــــ انہیں کرسی سے کیوں باندھ رکھا ہے ــــ اماں شوکت میاں، کیا ہو گیا بھئی؟

شوکت: (کمزور لہجہ) وزن گھٹ رہا ہے میرا ــــ اپنے یاروں کی کارستانی ہے بھوکا مر گیا ہوں۔ کہاں ہڈیوں سے لگا جاتا ہے۔

جلیبی: ارے ہاں — بھوک پر یاد آیا کہ شوکت کو تو ابھی لنچ لینا ہے۔ آپ اسے دیکھیں حکیم صاحب اتنے میں لنچ لے کر آتا ہوں۔

شوکت: (کمزور لہجہ) لنچ آرہا ہے — لنچ یعنی دوپہر کا کھانا۔ (چٹخارہ لیتا ہے) پہلے لنچ لے لوں حکیم صاحب۔

بیوی: ہاں ہاں پہلے پیٹ بھر کر کھالو۔ پھر حکیم صاحب کو دکھانا — جلیبی بھیا باورچی خانے سے لینے گئے ہیں۔

شوکت: (بے خیالی۔ نقاہت) لنچ — یعنی مُرغِ مُسلّم۔ بریانی — قورمہ۔ مٹر پنیر۔ ربڑی۔ طرح طرح کی مٹھائیاں — جلیبی لینے گیا ہے — جلیبی — ہائے جلیبی! کیسی گول گول اور بل کھائی ہوئی ہوتی ہے — گرم گرم رس سے بھری ہوئی جلیبی — (روتا ہے) لیکن یہ نعمتیں میرے لیے کہاں مجھے تو دس لے گا جو ملا کرتا ہے۔

جلیبی: (دور سے آتے ہوئے) لو میں لے آیا۔ کھاؤ شوکت بھائی کھاؤ۔

حکیم: اماں کیا ہے رکابی میں اور تم نے لنچ کی پلیٹ کو دوسری پلیٹ سے ڈھک کیوں رکھا ہے۔؟

خلیفہ: کھانے پر نظر نہ لگے اس لئے — سمجھے حکیم صاحب۔

بیوی: لو میں نے پلیٹ لے لی۔ میں اب اسے کھولتی ہوں۔ تم جی بھر کر کھاؤ۔ (حیرت) ارے! یہ کیا؟

حکیم: اماں حد ہوگئی — یہ کیا مذاق ہے بھئی۔ پلیٹ میں تو صرف پانچ مٹر کے دانے ہیں!

جلیبی: (ہنس کر) یہی تو لنچ ہے اپنے یار کا — غذائیت سے بھرپور مٹر کے دانے۔

بیوی: (بگڑی طرح چیختی ہے) تمہارا دماغ خراب تو نہیں ہوگیا جلیبی بھیا — یہ لنچ ہے؟

شوکت: یہی تو مجھے روز کھانے کو ملتا رہا ہے بیگم (روتا ہے) ہائے میں تو کھانے کو ترس کر رہ گیا۔

بیوی: (غصہ) خدا کی قسم میں نے ایسا مذاق نہیں دیکھا — آپ لوگوں نے تو انہیں قبرستان پہنچانے کی تیاری کر لی تھی۔

حکیم: حد ہو گئی — تو بہت زیادتی ہے — یعنی مٹر کے پانچ دانے! لاحول ولا قوۃ۔

حنیف: (گھبراہٹ) ہمیں تو ان کا وزن کم کرنا تھا۔ اس لئے ......

بیوی: خاموش رہیئے خلیفہ چچا — میں کہتی ہوں انہیں مار ڈالنے میں کیا کسر چھوڑ دی آپ نے؟

حکیم: بالکل ٹھیک ہے۔ جاہل لوگ بھلا حکمت کیا جانیں — بندر کیا جانے ادرک کا بھاؤ — ہیں؟

خلیفہ: (غصہ) او میاں حکیم۔ جا ستی تُو بس نہ کرد۔ قسم اُڑن کھٹولے کی زمین کے برابر کر دیتا ہوں آدمی کو — بندر ہو گے تم اور تمہارے باوا۔

حکیم: (غصہ) دیکھیئے محترمہ نفرت انگیز ہے۔ میں اس قسم کی باتیں سننے کا عادی نہیں ہوں۔

جلیبی: اماں خاموش رہو آپ بھی۔ پہلے ہی بیچارہ شوکت نقاہت محسوس کر رہا ہے اوپر آپ لوگوں کی لڑائی — بند کیجئے اسے۔

شوکت: (نقاہت) ارے بیگم — میں پہلے ہی تین نیم حکیموں کا شکار ہوں۔ اب ان حکیم صاحب کو بھی چلتا کرو — مجھے گھبراہٹ ہو رہی ہے۔

حکیم: (غصہ) اماں تو ٹھہرتا کون ہے یہاں پہ — ہم تو محبت میں چلے آئے تھے۔ یہ تھوڑی معلوم تھا کہ بے عزتی ہو گی — یہ لیجئے ہم جا رہے ہیں بلایا بھی تو ہرگز نہیں آئیں گے۔ ہاں۔

[آواز دور ہوتی جاتی ہے]

بیوی: اچھی جان ذیبتی میں آئی ـــــ حکیم صاحب بھی ناراض ہو کر چلے گئے۔

جلیبی: اجی وہ چلے گئے تو جانے دیجئے۔ ڈاکٹر صاحب تو آنے والے ہیں۔

خلیفہ: اماں کون سے ڈانگڈر کو لینے گئے ہوئے ہیں؟

جلیبی: شاید ڈاکٹر امرتی لال کو لے کر آئے گا پیارے لال۔

شوکت: (نقاہت سے بسورتے ہوئے) امرتی ـــــ کیا کوئی امرتیاں لایا ہے ـــــ لاؤ کھلاؤ مجھے، ارے ظالمو کیوں ترسا رہے ہو۔ کھلاؤ۔

جلیبی: اوہ! یار شوکت تم سے بالکل صبر نہیں ہوتا۔ ارے بھائی ہم سیٹھ پکوڑی مل کے لڑکے ڈاکٹر امرتی لال کی بات کر رہے ہیں۔

بیوی: (تعجب) ڈاکٹر امرتی لال ـــــ؟

جلیبی: ہاں بھابی وہی ـــــ وہی جو چاندنی چوک کی گلی پراٹھے والی میں رہتے ہیں۔

شوکت: (ندیدے پن سے چٹخارہ لیتا ہے) پراٹھے! ـــــ ہائے ہائے، گرما گرم بھاپ اٹھتے ـــــ پکوڑی! چٹنی کے ساتھ کھائی جانے والی بھبھکتی ہوئی پکوڑیاں ـــــ میں ـــــ میں . . .

[ایک دم رونے لگتا ہے]

بیوی: (پریشانی) ائے ہے روئے چلے جاتے ہیں۔ تھوڑا صبر تو کرو ڈاکٹر صاحب آنے ہی والے ہوں گے ـــــ اے لو، وہ آ ہی گئے۔

پیارے: (دور سے مائیک کے قریب آتے ہوئے) آئیے ڈاکٹر صاحب آ گئے ـــــ دیکھئے یہ رہا آپ کا مریض۔

ڈاکٹر: ہوں! لیکن انہیں کرسی سے کیوں باندھ رکھا ہے۔؟

جلیبی: اجی وہ کمزور بہت ہو گیا ہے نا ـــــ کرسی پہ بیٹھنے کے بعد ادھر اُدھر

گرنے لگتا ہے۔ اِسلیئے ہم نے اِسے باندھ دیا ہے۔

ڈاکٹر: نہیں نہیں۔ یہ طریقہ غلط ہے۔ انہیں کھول دیجیئے اور دو آدمی انہیں پکڑ لیں۔ میں اتنے سٹیتھسکوپ نکالتا ہوں۔

بیوی: ڈاکٹر صاحب ذرا دیکھیئے تو کیا حالت ہوگئی ہے اِن کی ...؟

خلیفہ: اماں شوکت میاں۔ دیکھو ڈانگڈ صاحب آئے ہیں۔ آنکھیں تو کھولو۔

جلیبی: ہائیں — اب تو یہ بولتے ہی نہیں۔ کہیں بے ہوش تو نہیں ہوگئے؟

بیوی: (روتی ہے) ہاں ہاں — ضرور بے ہوش ہوگئے ہیں۔ رونے کے بعد تو کمزوری اور ہو جاتی ہے — دیکھیئے ڈاکٹر صاحب! جلدی سے دیکھیئے۔

ڈاکٹر: ہوُں — ہوُں — اِن کی نبض تو بہت مدھم ہے — کیا بات ہے۔ کیا انہیں کھانا نہیں ملتا۔؟

جلیبی: ابھی ابھی اِس نے رنج لیا ہے۔

بیوی: (غصّے سے) تم چپ رہو — خبردار جو بولے۔ ڈاکٹر صاحب انہیں لوگوں کے کہنے پہ انہوں نے ڈائیٹنگ کی تھی۔

ڈاکٹر: ڈائٹینگ! اِن جیسے دُبلے پتلے آدمی کے لیئے ڈائیٹنگ؟

بیوی: (روتی ہے) پہلے کہاں تھے یہ اتنے دُبلے پتلے — یہ سب اِن تینوں دوستوں کا ہی کیا دھرا ہے۔

ڈاکٹر: کیوں صاحبان! کیا کیا آپ لوگوں نے؟

خلیفہ: پہلے میں بتاتا ہوں — بات یہ ہے یار ڈانگڈ صاحب کہ میں نے صرف شوکت میاں سے ورزش کرائی تھی۔ ڈنڈ اور بیٹھک — بس!

ڈاکٹر: چلیئے یہ تو ٹھیک تھا — اور؟

پیارے: میں نے مرغن غذاؤں سے پرہیز بتایا اور ناشتے میں سبزیوں کا اُبلا ہوا

عرق اور ستو دے دیئے۔

خلیفہ: بس اتنی سی بات میں جان ضیق میں آگئی اپنی۔

بیوی: (گلوگیر لہجہ) آپ چپ تو رہئے۔ ڈاکٹر صاحب کو تو پوچھنے دیجئے۔

پیارے: اور لنچ میں صرف پانچ مٹر کے دانے اور بس!

ڈاکٹر: (حیرت اور غصّہ) یہ لنچ ہو گیا — جواب نہیں ہے آپ لوگوں کا!
پانچ دانوں کو لنچ کہتے ہیں!

جلیبی: (جلدی سے) اور میں نے.....

ڈاکٹر: ٹھہر جایئے۔ انہیں ہوش میں آنے کا انجکشن لگا دوں پہلے۔ (وقفہ)
ہاں اب بولئے آپ نے کیا کارنامہ انجام دیا تھا؟

جلیبی: مجھے شوکت کا وزن کم کرانے میں بہت دلچسپی تھی ڈاکٹر صاحب۔ بات یہ ہے کہ ایک نئی فلم کمپنی کھلی ہے — ہگڑ مگڑ دی ٹون!

ڈاکٹر: (حیرت سے) ہگڑ مگڑ دی ٹون؟ — میں نے تو آج ہی یہ نام سنا ہے!

جلیبی: بس جی ایسے ہی ہگڑ مگڑ میں بن گئی یہ فلم کمپنی — بہت بڑی فلم کمپنی ہے۔
خلیفہ شدّو اور پیارے لال بھی اُس میں حصّے دار ہیں۔

ڈاکٹر: چلئے پھر —؟

جلیبی: اس فلم کمپنی کی پہلی فلم ہے کالا کُتا عرف چوکور جاسوس۔

بیوی: (پریشانی) ابھی تک ہوش نہیں آیا ڈاکٹر صاحب۔

ڈاکٹر: بے فکر رہئے ابھی ٹھیک ہو جائیں گے — ہاں صاحب، کیا نام بتایا تھا آپ نے؟

پیارے: کالا کُتا عرف چوکور جاسوس!

جلیبی: بات یہ ہے ڈاکٹر صاحب کہ شوکت اِس فلم کا ہیرو بننا چاہتا ہے۔

آپ دیکھئے، اِس کی شکل کارٹون سے کافی ملتی ہے — ملتی ہے نا؟

بیوی: (غصّہ) دیکھا — دیکھا آپ نے، کیسا مذاق کررہے ہیں۔ اپنے دوست کے ساتھ۔!

جلیبی: مذاق نہیں بھابی — بالکل سچ بات ہے — فلم کے ڈائرکٹر نے مشورہ دیا کہ ہونے والا ہیرو بہت موٹا اور بھاری ہے۔ اُسے ڈائٹنگ کر کے اپنا وزن کم کرنا چاہیئے۔

ڈاکٹر: (حیرت) فلم کے ڈائرکٹر نے یہ مشورہ دیا تھا!

جلیبی: جی ہاں۔

ڈاکٹر: کیا نام ہے اُس ڈائرکٹر کا؟

جلیبی: (مغرور بھرا لہجہ) شری جلیبی لال جے پوروالا فلم ڈائرکٹر آف انڈیا (ہنستا ہے) یعنی یہ خاکسار — یعنی میں!

بیوی: (بُری طرح روتی ہے) اِنھوں نے ہی اُکسایا ہے اِن کو — اِن کا وزن کوئی اتنا زیادہ تھوڑی تھا ڈاکٹر صاحب۔

جلیبی: کیوں نہیں تھا زیادہ وزن — بہت زیادہ تھا بھابی۔

ڈاکٹر: خیر ڈائٹنگ سے پہلے وزن کرانا تو بہت ضروری ہوتا ہے — اچھا کتنا وزن تھا؟

جلیبی: جی پورے چار سو کلو تھا۔

ڈاکٹر: (حیرت) چار سو کلو؟

پیارے: ہاں ڈاکٹر صاحب میں بھی ساتھ میں تھا۔ اتنا ہی تھا وزن۔

جلیبی: (فخریہ لہجہ) اِسکے بعد میں نے بھگدڑ سٹوڈیو ٹون کے پروڈیوسر اور فلم کا لاگتا عرف چوکور جاسوس کے ڈائرکٹر کی حیثیت سے۔ آئندہ زمانے

کے ہونے والے عظیم ہیرو کو ڈائٹنگ کرکے وزن کم کرنے کا مشورہ دیا۔
اور وہ وزن کم ہوگیا۔ چار سو کلو کے مقابلے میں اب دیکھئے کیا دھان
پان ہوگیا ہے اپنا شوکت۔۔۔ (انکسار سے ہنستا ہے)

بیوی: خاموش خاموش۔ انہیں ہوش آرہا ہے۔

[شوکت اوں آں۔ ہائے کرکے ہوش میں آجاتا ہے]

شوکت: (کراہتے ہوئے) میں کہاں ہوں۔۔ یہ دنیا ہے کہ جنت؟

لطیفہ: یہ دنیا ہی ہے شوکت میاں۔ تم زندہ ہو۔۔ بے فکر رہو۔

بیوی: بیٹھے رہو۔ بیٹھے رہو۔۔ تمہیں پکڑے ہوئے ہوں۔ گرو گے نہیں۔

شوکت: (کمزور لہجہ) اچھا۔۔ تم میرے پاس ہی رہنا بیگم۔

ڈاکٹر: یہ جلد ٹھیک ہوجائیں گے۔ میں نے طاقت کا انجکشن دے دیا ہے۔
(سوچتے ہوئے) مگر جلیبی لال جی؟

جلیبی: ہاں جی۔ ڈاکٹر صاحب جی؟

ڈاکٹر: چار سو کلو وزن میری سمجھ میں نہیں آیا۔۔ یہ تو۔۔۔۔۔

بیوی: (جلدی سے) میری بھی سمجھ میں نہیں آتا تھا ڈاکٹر صاحب۔ ان لوگوں نے
کہا تو یقین کرنا ہی پڑا۔

شوکت: (نحیف آواز) میں نے بھی خود اپنی آنکھوں سے دیکھا تھا ڈاکٹر امرتی
لال۔۔ امرتی۔۔ امرتی۔۔ گلی پہ اٹھے والی۔۔ گھی کے پراٹھے۔
ہائے ہائے۔!

ڈاکٹر: مسٹر شوکت، آپ زیادہ نہ بولیں۔ آپ بالکل ٹھیک ہوجائیں گے۔
گھبرائیں نہیں۔

شوکت: (نقاہت) بہت اچھا۔۔ میں تو ویسے بھی کم بولتا ہوں۔ بولا ہی

نہیں جارہا — ہائے — ہائے۔

ڈاکٹر: تو وہ چار سو کلو وزن کی بات صحیح رہی تھی — کہاں کرایا تھا آپ نے وزن۔؟

خلیفہ: ابھی اس نکڑ سے آگے یار جو بائیسکوپ آتا ہے نا — ....

پیارے: یہ موڑ مڑتے ہی ہے نا ڈاکٹر صاحب۔ بہما ٹاکیز — بلما ٹاکیز!

جلیبی: جی ہاں بلما ٹاکیز میں جو وزن کرانے کی مشین لگی ہوئی ہے — اُس پر کرایا تھا وزن۔

ڈاکٹر: آپ نے اُس مشین پہ وزن کرایا تھا!

پیارے: جی ہاں — کیوں کیا بات ہے۔؟

ڈاکٹر: وہ مشین تو کئی مہینوں سے خراب ہے۔

سب مل کر: خراب ہے — یعنی سچ مچ خراب ہے۔!

ڈاکٹر: ہاں۔ اُس کی سوئی تو ہمیشہ چار سو کلو پر رہتی ہے۔

بیوی: (غصہ) بس خدا ہی سمجھے تم سب سے۔ نہ جانے کب کا بیر نکالا ہے؟ ادھ موا کر دیا نا شوکت صاحب کو سچ ہے نادان دوست سے دانا دشمن بہتر ہوتا ہے۔

پیارے: اس کا مطلب یہ کہ ہم غلط سمجھے!

خلیفہ: اور شوکت میاں بیچارے مفت میں مارے گئے!

شوکت: (کمزور آواز میں چلاتا ہے) ہم نے بھی سن لیا ہے — اِن گدھوں نے سمجھے خوب اُلو بنایا — کسر لوں گا ایک ایک سے ٹھیک ہونے کے بعد۔ اب تو بیگم مرغ مسلّم لاؤ — بریانی قورمہ۔ زردہ اور شیرمال لاؤ۔ شاہی ٹکڑے اور کھیر بھی کھاؤں گا۔ لاؤ — جلدی لاؤ — جو کچھ

بھی ہے کھانے کو لے آؤ۔۔۔ سب لے آؤ۔

بیوی: لاتی ہوں ۔۔۔ ابھی بنا کر لاتی ہوں ۔۔۔ ڈاکٹر صاحب ذرا خیال رکھئے گا۔

[آواز دور ہوتی جاتی ہے]

خلیفہ: (ہلکی آواز مگر ڈری ہوئی) چھوٹو پیارے لال اور بھائی جلیبی۔ ورنہ یہ بھوک میں ہمیں بھی کھا جائے گا۔

پیارے: ہاں ہاں ۔۔۔ نکل چلو ۔۔۔ بھاگ لو استاد ۔۔۔ بھاگ لو۔

[بھاگنے کی آوازیں]

شوکت: ارے کہاں جاتے ہو ۔۔۔ پکڑ لو ڈاکٹر ادرتی لال ۔۔۔ پکڑ لو ۔۔۔ بھاگنے نہ پائیں ۔۔۔ (چیخ کر) پکڑ لو۔ پکڑ لو ۔۔۔ میں ان سب کو چھٹی کا دودھ یاد دلا دوں گا [ساز بجتا ہے] ایسی جگہ ماروں گا کہ پانی بھی نہ ملے۔ پکڑ لو، جانے نہ پائیں۔

[ساز تیز بجتا ہے]

بن بلایا مہمان (ڈرامے) 43 سراج انور

تلاش

کردار: بلونت (خاوند)۔ ورشا (بیوی) رامو (نوکر)
اجیت۔ سُدھا۔ بچّہ۔ بچّی۔ ننّدو (کباڑی)

بلونت [چیزوں کے اِدھر اُدھر پھینکنے اور کھڑ پٹر کی آوازیں]

" (غصّے میں بڑبڑاتے ہوئے) کیا مصیبت ہے۔ نہ جانے گھر کی چیزیں کہاں غائب ہو جاتی ہیں۔ بڑی احتیاط سے لاکر رکھے تھے وہ فریم اور اب اُن میں سے وہی خاص فریم چھُو منتر ہو گیا۔

ورشا: (دُور سے) جنتر ـــ کیا جنتر لے آئے۔؟

بلونت: (بلند لہجہ) ویسے تو بہری ہو۔ مگر اِتنی دور سے سب کچھ سُن لیتی ہو ـــ میں چھُو منتر کہہ رہا ہوں چھُو منتر۔

ورشا: (دُور سے) جنتر منتر! ــــ ہاں ہاں ضرور چلوں گی جنتر منتر۔ کافی دن ہو گئے اُسے دیکھے ہوئے۔

[سامان اُلٹ پلٹ کرنے کی آوازیں بڑھ جاتی ہیں]

بلونت: (غصّہ) اف وہ! ــــ یہ عورت بھی جان کا عذاب ہو گئی۔ کچھ کہو اور سُنتی کچھ ہیں ــــ اِسی دیوار پر تو لٹکا ہوا تھا وہ فریم۔

ورشا: (دُور سے) کب چلو گے جنتر منتر ــــ اب بولتے کیوں نہیں۔؟

بلونت: (بلند لہجہ) ارے بھاگوان! میں کہیں نہیں جا رہا ــــ یہیں ہوں۔ فریم ڈھونڈ رہا ہوں فریم۔

ورشا: (دور سے) ائے لو۔ اب یہ میم کہاں سے آگئی ــــ کیا میم کے ساتھ جاؤ گے جنتر منتر۔؟

بلونت: ہونہہ! بولے چلی جائیں گی اُلٹی سیدھی ــــ (وقفہ جس میں کھڑبڑ کی آوازیں شامل ہیں) سمجھ میں نہیں آتا کہ زمین کھا گئی یا آسمان! اِس گھر کا تو انداز ہی نرالا ہے۔ چیز لا کر کہیں رکھو اور ملتی کہیں اور ہے۔ تم بھلا ڈھونڈنے میں میری کیا مدد کرو گی۔ چیز میری ہے نا اِس لئے مجھے ڈھونڈنے میں وقت لگے گا ــــ تمہاری کوئی چیز ہوتی تو کھوتی ہی نہیں۔

ورشا: (دُور سے) پتہ نہیں کیا کہہ رہے ہو ــــ جنتر منتر اور کون ساتھ چلے گا۔؟

بلونت: (چیخ کر) میری بد قسمتی چلے گی ساتھ ــــ سمجھیں؟

ورشا: (حیرت) بسنتی ساتھ چلے گی ــــ لو اور سُنو ــــ ابھی کہہ رہے تھے کہ میم چلے گی اب یہ بسنتی بھی آگئی ــــ کون ہے یہ بسنتی۔؟

بلونت: (جل کر) تمہاری سوتن ہے، اور کون ہوتی۔

ورشا: کیا ڈھٹائی سے کہہ رہے ہو۔ شرم نہیں آتی۔

بلونت: (بلند آواز۔ غصہ) ارے بابا خاموش بھی رہو ——— کیوں کان کھا رہی ہو؟

ورشا: (دور سے قریب آتے ہوئے) واہ وا وا ——— تم سمجھتے ہو کہ تمہیں کھلائے بغیر میں کھانا کھا لوں گی۔؟

بلونت: (لجاجت سے) دیکھو ورشا اِس وقت مجھ سے مت بولو ——— میں اِس وقت بہت پریشان ہوں۔

ورشا: حیران ہوں!

بلونت: (چیخ کر) پریشان۔ پریشان ——— سمجھیں؟

ورشا: سمجھ گئی ——— وہ تو ہو گئے ہی۔ بسنتی کا نام جو آ گیا لب پر۔ پرانی جان پہچان لگتی ہے شاید۔

بلونت: ارے بھئی بسنتی وسنتی کوئی نہیں ہے۔ میں تو بسنتی رنگ کے فریم کی بات کر رہا تھا۔

ورشا: (حیرت) بسنتی رنگ کا فریم؟

بلونت: ہاں مجھے وہ فریم نہیں مل رہا۔ اگر نہیں ملا تو ایک تو مینیجر صاحب سے بڑا سنوں گا اور اوپر سے پندرہ بیس روپے کا نقصان الگ

ورشا: پریشان! ——— ہاں ہاں کہہ تو دیا کہ میں سمجھ گئی۔

بلونت: (جھنجھلا کر) پریشان نہیں نقصان ——— نقصان!

ورشا: افوہ! ——— کبھی پریشان کہتے ہو کبھی نقصان کہتے ہو ——— اچھا بولو کیا نقصان ہوا؟۔

بلونت: (بلند آواز) پندرہ روپے کا نقصان ہو جائے گا اور میش تمہاری بلا سے الگ بُرا بنوں گا۔ پتہ نہیں کم بخت کدھر غائب ہوگیا۔

ورشا: کیا میش صاحب کہیں غائب ہوگئے! اُنہیں کم بخت کہہ رہے ہو؟۔

بلونت: (غصہ) بھگوان کے لئے خاموش رہو۔ صبح ہی صبح میرا دماغ خراب مت کرو۔

ورشا: سمجھ میں نہیں آتا کہ کیا چکر ہے۔ صبح سے طوفان مچا رکھا ہے۔ گھر کو کباڑ خانہ بنا کر رکھ دیا ہے۔ ہزار بار پوچھ چکی ہوں مگر بتاتے ہی نہیں۔

بلونت: کیا خاک بتاؤں ـــ بیکار میں غصہ مت دلاؤ۔ میں پوچھتا ہوں کہ کیا یہی تمہاری گھرداری ہے کہ وقت پر کوئی چیز ہی نہیں ملتی۔ گیارہ بجے سے ڈھونڈ رہا ہوں اور اب چار بجنے کو آ گئے ہیں۔

ورشا: (حیرت سے) اچار بجنے کو آ گئے ہیں ـــ کون؟

بلونت: اُفوہ! کیا مصیبت ہے۔ کھو کھیت کی سُنیں کھلیان کی ـــ ارے بھئی اچار نہیں چار ـــ چار ـــ چار ـــ چار بج رہے ہیں۔

ورشا: ہاں ـــ چار تو بج رہے ہیں۔ روز ہی بجتے ہیں۔

بلونت: آج چار کا گھنٹہ بجنے کے بعد تو مجھے ایسا لگتا ہے کہ میری زندگی کا آخری گھنٹہ بج گیا ہے۔

ورشا: بج گیا ہے ـــ کیا بج گیا ہے۔؟

بلونت: (عاجز آکر) اُفوہ! تمہارا یہ بہرہ پن تو کسی دن میری جان لیکر چھوڑے گا۔

ورشا: (حیرت) ائے میں کہتی ہوں کہ تمہیں ہو کیا گیا ہے۔ کون پٹاخے چھوڑے گا؟۔ ابھی سے کیسے چھوڑ دے گا۔ ابھی تو دیوالی میں بہت دن ہیں!

بلونت: بہت تیز ہے کی! (نرمی سے) دیکھو ورشا! تم یہاں سے فوراً چلی جاؤ۔ میں پہلے ہی بہت پریشان ہوں اوپر سے تمہارے بہرے پن سے جان مصیبت میں آگئی ہے۔

ورشا: (خوش ہوکر) شدھا آگئی ہے کیا۔؟

بلونت: ہے بھگوان کیا کروں — کیسے پیچھا چھڑاؤں — میں کہتا ہوں جاؤ، مجھے خود ہی تلاش کرنے دو۔ صبح سے اِس کمرے میں جھک مار رہا ہوں۔ مگر وہ چیز مجھے نہیں مل رہی جس کی خاطر تین گھنٹے تک لائن میں کھڑا ہوا تھا۔ گھنٹوں وقت ضائع کیا۔ پاپڑ بیلے تب جاکر من کی مراد حاصل ہوئی تھی — سمجھیں۔؟

ورشا: اب کیا کہوں — بولوں گی تو کہوگے الٹی سیدھی بولتی ہے۔ میری سمجھ میں تو کچھ نہیں آتا۔

بلونت: آئے گا بھی نہیں۔ کبھی نہ آئے گا۔ تمہارے لئے ساڑھی لے کر آنے والی بات ہوتی تو بہرے پن کے باوجود تم ایک میل دُور سے سُن لیتیں لیکن چونکہ معاملہ میری ایک چیز کا ہے۔ اِس لئے تمہاری سمجھ میں کچھ نہیں آتا۔

ورشا: (خوش ہوکر) ارے ہاں۔ میں تو بھول ہی گئی تھی۔ تم نے ساڑھی لانے کو کہا تھا — لے آئے کیا۔؟

بلونت: کیوں نہیں۔ کیوں نہیں۔ دنیا میں سب سے زیادہ ضروری کام یہی تو ہے۔

ورشا: (ناراضگی سے) ہاں ہاں — بس یہی کہہ کر ٹالتے رہو مجھے — میں بولوں گی تو بُرا لگے گا۔

بلونت: (غصے) بُرا تو لگے گا ہی — دماغ خراب مت کرو میرا۔ سمجھ لو کہ میں نے

تم سے باتیں کر کے وقت ضائع کیا ہے۔

ورشا: وقت کیوں ضائع ہو گیا؟ کر کیا رہے ہو؟

بلونت: اب کیا بتاؤں — سمجھ لو کہ جھک مار رہا ہوں۔

ورشا: ہاں ہاں۔ مردوں کو اس کے علاوہ اور کام ہی کیا ہوتا ہے۔ دفتر میں بیٹھ کر یہی تو کرتے ہیں دن بھر۔

بلونت: کیوں جلے پہ نمک چھڑک رہی ہو ورشا۔ اگر میری مدد نہیں کر سکتیں تو چلی جاؤ۔ میں خود ڈھونڈ لوں گا۔

ورشا: اچھا لو میں اور قریب آگئی۔ صاف صاف بتاؤ کیا اُلجھن ہے۔

بلونت: کان قریب لاؤ اپنا۔

ورشا: نہیں نہیں ہرگز نہیں — کان میں بات کرنے کے بہانے تم ہمیشہ بدتمیزی کرتے ہو!

بلونت: ارے بھئی اس وقت رومانس کی نہیں سوجھ رہی۔ اس وقت تو مجھ پہ گھبراہٹ سوار ہے۔

ورشا: تریاہٹ! — نہیں تریاہٹ نہیں ہے۔ میں سچ کہہ رہی ہوں — ہاں بولو میں اور قریب آگئی۔

بلونت: (دھیرے سے) دیکھو ورشا — بات یہ ہے کہ میری ایک بہت قیمتی چیز کھو گئی ہے۔ کل شام کو میں نے وہ چیز لا کر دیوار پہ رکھ دی تھی۔

ورشا: دیوار پر کیسے رکھ دی تھی!

بلونت: میرا مطلب ہے کہ دیوار پر ٹانگ دی تھی — مگر اب وہ چیز یہاں سامنے والی دیوار پر نہیں ہے۔

ورشا: چیز کیا تھی وہ — چھتری تھی۔ تھرماس تھا۔ کیمرہ تھا یا

کچھ اور ——؟

بلونت: ان میں سے کوئی چیز نہیں تھی (جھجکتے ہوئے) میں —میں کچھ بتا نہیں سکتا —بس سمجھ لو کہ تھی ایک چیز!

ورشا: زبردستی سمجھ لوں کہ وہ ایک چیز تھی ——اُس کا کوئی نام تو ہوگا آخر؟

بلونت: کہہ تو دیا کہ میں نام نہیں بتا سکتا۔

ورشا: چیز بھی کھو گئی ہے اور نام بھی بتانا نہیں چاہتے —نخرے مت دکھاؤ —بتا دو اُس کا نام۔

بلونت: اگر نام ہی بتانا ہوتا تو صبح سے لے کر اب تک اُسے خود ہی کیوں تلاش کرتا رہتا —تمہاری مدد نہ لیتا۔

ورشا: (ناراضگی) تو پھر چیخ چیخ کر آسمان سر پہ کیوں اٹھا لیا تھا اتنی دیر سے۔ نہیں بتاتے تو نہ بتاؤ۔

رامو: (دُور سے) بی بی جی میں بچوں کو اسکول سے لے آیا ہوں۔

ورشا: کیا کہہ رہا ہے یہ —میں نے بھلا اسٹول کب منگوایا تھا؟

بلونت: وہ کہہ رہا ہے کہ وہ بچوں کو اسکول سے لے آیا ہے۔

ورشا: اچھا اچھا —تو اس میں بتانے کی کیا بات ہے۔ (بلند آواز)۔ میں نے سُن لیا۔

رامو: (دُور سے) کھانا آپ دیں گی یا میں رسوئی میں سے جا کر نکال دوں سر؟

ورشا: (غصہ۔حیرت) نکال دوں! —تیرا دماغ تو خراب نہیں ہو گیا ہے رامو؟ جب بچے آگئے ہیں تو اُنہیں نکال کیوں دے گا۔؟ سُنتے ہو جی یہ کیا کہہ رہا ہے۔

بلونت: (اکتاہٹ) وہ تو ٹھیک کہہ رہا ہے تم ہی ٹھیک نہیں سمجھ رہیں۔

ورشا: (چیخ کر) تیری یہ ہمت ہوگئی رامو ——— تو بچوں کو نکالنے والا کون ہوتا ہے۔؟

رامو: (دور سے) اب میں کیا کہوں بی بی جی ——— میں خود ہی نکال کر کھلا دیتا ہوں۔

بلونت: (بلند آواز) اچھا بھئی اچھا۔ (مدھم لہجہ) ورشا اوٹ پٹانگ مت بولا کرو۔ وہ تو پوچھ رہا تھا کہ بچوں کو کھانا کھلا دے یا نہیں ——— تم ہی اُلٹی باتیں سُنتی ہو۔

ورشا: ہاں تو سیدھی سادی بات کیوں نہیں کہتا۔ (بلند لہجہ) وہیں ٹھہرو میں آتی ہوں۔ (دھیما لہجہ) مگر سنو! کہیں بچوں نے نہ رکھ دی ہو وہ چیز۔؟

بلونت: بچے نہیں رکھ سکتے۔ بہت بڑی چیز ہے وہ ——— اب تم جاؤ اور مجھے خود ہی سوچنے دو۔

ورشا: جاتی ہوں بابا جاتی ہوں ——— تمہارے تو مزاج ہی نہیں ملتے۔

(آواز دور ہوتی جاتی ہے)

بلونت: (پکار کر) سُنو! ذرا رامو کو میرے پاس بھیج دینا۔

ورشا: (دور سے) کیا کھینچ دوں؟

بلونت: (غصہ اور بلند لہجہ) رامو کو بھیج دینا رامو کو۔

ورشا: (آواز قریب آتی جاتی ہے) اچھا ——— تو تم رامو کو بتاؤ گے مگر مجھے نہیں بتاؤ گے۔؟

بلونت: کیوں بیوقوفی کی باتیں کرتی ہو ——— اتنا شکی مزاج ہونا اچھا نہیں ہے۔

ورشا: کیا اچھا ہے کیا بُرا۔ یہ میں خوب جانتی ہوں۔ مجھے پڑھاؤ مت۔ ضرور ہی کوئی ایسی بات ہے جو مردوں کو بتانے کی ہے اور عورتوں سے چھپائی جارہی ہے!

بلونت: (نرمی) ایسی کوئی بات نہیں ورشا ـــــ میں تمہیں کبھی بتا دوں گا۔ مگر آج نہیں۔

ورشا: (غصہ) آج بتادوگے تو کونسی قیامت آجائے گی!

بلونت: ضرور آجائے گی۔ مجھے معلوم ہے تمہاری عادت

ورشا: (گلوگیر لہجہ) اتنے بدگمان ہو مجھ سے۔ (روتی ہے) یہی قدر ہے نا میری اس گھر میں!

بلونت: (محبت سے) ورشا دیوی، پرسومت۔ رامو کو بھیج دو، میں تمہیں کبھی بتادوں گا۔ جاؤ، شاباش شاباش۔

ورشا: (بسورتے ہوئے)۔ بھیجتی ہوں اُسے ـــــ لیکن یاد رکھنا تم ہر وقت میرا دل جلاتے رہتے ہو۔ (آواز دور ہوتی جاتی ہے۔)

بلونت: چلی گئیں ـــــ ہے بھگوان تیرا لاکھ لاکھ شکر ہے۔ اِن کے بہرے پن سے تو میں عاجز آگیا۔ شادی کے بعد تو اصولاً مرد کو بہرہ بننا چاہیئے۔ یہاں اُلٹا معاملہ ہے۔ یہ بہری ہوگئیں ـــــ اب کہاں ڈھونڈوں فہیم۔ نہ جانے زمیں کھاگئی یا آسمان۔ رمیش آفیسر ہے۔ اُس نے خود اپنے مونہہ سے کہا تھا۔ اب وہ تو یہی سمجھے گا کہ میں نے جان بوجھ کر آنا کانی کی ہے۔ سمجھ میں نہیں آتا کیا کروں۔ اِس گھر کا اندر ہی نرالا ہے۔ شاید کبوتر رہتے ہیں کہ جو چیز رکھو غائب ہو جاتی ہے!۔ رامو سے پوچھتا ہوں۔ شاید وہی کچھ بتائے۔ (پکار کر) ـــــ اے رامو ـــ اے رامو!

رامُو: (دُور سے قریب آتے ہوئے) آیا مالک — ابھی آیا — کہیئے جی کیا بات ہے۔؟

بلونت: ارے تو نے وہ فریم دیکھا ہے جو دیوار پر لٹکا ہوا تھا۔

رامُو: روز ہی دیکھتا ہوں مالک۔ اُس میں بجرنگ بلی کی تصویر لگی ہوئی ہے۔ میری کٹیا میں لگا ہوا ہے۔

بلونت: ارے اُسکی بات نہیں کر رہا۔ میں تو اس فریم کی بات کر رہا ہوں جس میں "حسینہ مان جائے گی" والی تصویر لگی ہوئی تھی۔

رامُو: (ایکدم خوش ہو کر) تو کیا حسینہ مان گئی سرکار؟

بلونت: (گھبرا کر) ارے چُپ — ایسی باتیں تیری بہری بی بی بھی سُن لیتی ہیں۔

رامُو: ہاں سرکار۔ ایسی باتیں تو وہ ضرور سُن لیتی ہیں۔ پرسُوں میں تھوڑی سی کھیر نکال رہا تھا۔ اُنھوں نے دور بیٹھے بیٹھے بھی چمچے کی آواز سُن لی۔ بہت ہوشیار ہیں سرکار۔

بلونت: اچھا —؟

رامُو: ہاں مالک — بس وہیں سے چیخیں، ارے یہ کیا نکال رہا ہے شرم نہیں آتی۔ (ہنستا ہے)

بلونت: ہوں — تو اس کا مطلب یہ ہوا کہ وہ بہری نہیں ہیں۔

رامُو: نہیں سرکار ہیں تو — میری تنخواہ والے دن جب تک دس مرتبہ نہ کہوں، سنتی ہی نہیں۔

بلونت: (مصنوعی غصّہ) اچھا چُپ رہ — بدتمیز! ارے جانتا نہیں کہ وہ میری دھرم پتنی ہیں!

رامو: غلطی ہو گئی سرکار ۔ اب میں جاؤں؟
بلونت: بات تو پوری ہوئی نہیں اور تجھے جانے کی گھبراہٹ سوار ہو گئی۔
رامو: یہ غلطی بھی ہو گئی سرکار — کہیئے؟
بلونت: ارے احمق وہی فریم والی بات — میں پوچھتا ہوں تو نے دیکھا ہے وہ فریم؟
رامو: سرکار میں نے تو نہیں دیکھا ۔ کیا غائب ہو گیا؟
بلونت: ہاں ہاں — کیا میں یونہی بکواس کر رہا ہوں؟
رامو: (رومانٹک لہجہ) سرکار اس میں تصویر ہی ایسی دھانسو قسم کی لگی تھی کہ جو کوئی دیکھے گا اُس کی رال ضرور ٹپک پڑی ہو گی۔ ایسا ہو ہی نہیں سکتا کہ وہ دیکھے اور نہ لے جائے!
بلونت: (غصّہ) بدتمیز، نالائق ۔ کیا بے ہودہ باتیں کرتا ہے۔ چل بھاگ یہاں سے۔
رامو: اچھا جی — چلا جاتا ہوں۔
[آواز دور ہوتی جاتی ہے]
بلونت: سمجھ میں نہیں آتا کیا کروں۔ وقت نکلا جا رہا ہے اور فریم کم بخت مل کر ہی نہیں دے رہا — اوپر جا کر دیکھتا ہوں شاید وہاں سدھا یا اجیت کے کمروں میں مل جائے۔
[سیڑھیاں جلدی جلدی چڑھنے کی آواز]
ہر کمرے میں دیکھنا ہی پڑے گا۔ اجیت بڑا ہو گیا ہے۔ شاید اُسے وہ تصویر پسند آ گئی ہو اور اس نے اُسے اپنے کمرے میں لگا لیا ہو۔ ورنہ اگر نہ ملی تو وہ خواہ مخواہ پیچھے پڑ جائے گی۔ ساڑھے چار بجنے

میں اب دیر ہی کیا ہو گئی ہے۔ میرے خیال میں ورشا کو بتائے بغیر کام نہیں چلے گا۔ اُسے بتانا ہی پڑے گا ––– ارے! یہ میرا سوٹ اجیت کے کمرے میں کیوں لٹکا ہوا ہے۔ شاید اس کے پیچھے وہ فریم ہو ––– دیکھتا ہوں۔

بچی: (بہت دُور سے) پتا جی ––– پتا جی۔

بلونت: یہاں تو نہیں ہے ––– اپنا سوٹ تو لیتا چلوں۔ (پکار کر) ۔ آیا گڈّی آیا۔

بچی: مل گیا پتا جی ––– مل گیا؟

بلونت: (گھبرا کر) اچھا کیا مل گیا ––– ابھی آیا۔

[دوڑنے کی سی آواز۔ پھر سیڑھیوں میں سے گرنے کی آواز]

ارے باپ رے ––– ہائے مر گیا ––– اوہ ––– اوہ۔

ورشا: (دُور سے) ارے گڈّی یہ آواز کیسی تھی ––– کیا گر تو نہیں گئی؟

بچی: میں تو نہیں گری ممّی پتا جی کا سوٹ گر گیا ہے۔

ورشا: (بلند لہجہ) سوٹ کے گرنے سے اتنا بڑا دھماکہ تو نہیں ہو سکتا؟

بچی: (چلا کر) سوٹ کے اندر پتا جی بھی تھے ممّی۔

ورشا: (گھبراہٹ) ہائے مر گئی ––– کیا اوپر سے نیچے گر گئے۔ آتی ہوں۔

[آواز دور ہوتی جاتی ہے] نہ جانے اوپر کیوں گئے تھے۔ میں ابھی آتی ہوں۔ زیادہ چوٹ تو نہیں لگی تمہارے، کیوں گر گئے تھے؟

بلونت: (تکلیف سے کراہتے ہوئے) ہائے ––– ہائے ––– مر گیا ––– اوہ، گھٹنے میں درد ہو رہا ہے۔

ورشا: کیا ہو گیا ––– اوپر کیوں گئے تھے جو گر پڑے!

بلونت: (تکلیف) اپنا سوٹ لینے گیا تھا۔ ہائے، بڑی چوٹ لگی ہے ورشا۔

ورشا: سوٹ تو نیچے تھا، اوپر کیسے پہنچ گیا؟

بلونت: ارے بھئی وہی فریم کا چکر ہے ——— میں ......

ورشا: پتھر! ——— کیا پتھر بھی مارا تھا کسی نے؟

بلونت: میں کہتا ہوں تم چلی جاؤ ——— میں تم سے عاجز آ گیا ہوں۔ بہرے پن کی بھی کوئی حد ہوتی ہے! ——— ہائے! پنڈلی میں چوٹ لگی ہے۔

ورشا: جب تک مجھ سے چھپاتے رہو گے ایسی ہی چوٹیں لگتی رہیں گی۔

بچی: ممی ممی! کیا ہم یہ مکان چھوڑ رہے ہیں؟

ورشا: نہیں تو ——— کون کہتا ہے؟

بلونت: یہ ——— اب نہیں کہہ سکیں کہ پٹاخے چھوڑ رہا ہے۔ اب تو صاف سُن لیا

ورشا: میں کہتی ہوں میرا مذاق مت اُڑاؤ۔ لتا قریب سے بولی تھی اِس لئے اُس کی بات سنائی دے گئی۔

بلونت: گڈّی، تُو نے یہ کیوں پوچھا کہ ہم مکان چھوڑ رہے ہیں؟

بچی: پتاجی یہ سامان جو اِدھر اُدھر پڑا ہوا ہے۔

ورشا: (بری طرح ہنستی ہے) ارے واہ ——— واہ بھئی واہ ——— دیکھا تمہاری ہڑبونگ سے گڈّی کیا سمجھی ——— تم نے مکان کو کباڑ خانہ جو بنا رکھا ہے۔

بچی: کیوں پتاجی ——— آپ نے سامان اِدھر اُدھر کیوں پھینک رکھا ہے؟

بلونت: گڈّی بیٹی میں صبح سے اپنی ایک چیز ڈھونڈ رہا ہوں ——— تم نے تو نہیں دیکھی؟

بچی: واہ پتاجی واہ ——— مجھے بتایئے تو سہی کہ وہ کون سی چیز ہے؟

بلونت: او ہو — گڈی میں ابھی بس یوں ہی ہوں — بیٹی وہ ایک فریم تھا فریم — دیکھا ہے تم نے؟

بچی: یہ تو عجیب پہیلی ہے۔ آپ اتہ پتہ تو بتاتے ہی نہیں۔

بلونت: بیٹی اس میں ایک عورت کی تصویر لگی ہوئی تھی۔ اور وہ — وہاں — اس دیوار پر لٹکا ہوا تھا۔

ورشا: (غصے) وہ فریم تھا وہ — جس میں کسی کلموہی فلم ایکٹریس کی تصویر لگی ہوئی تھی!

بلونت: (جھجکتے ہوئے) ہاں — وہی — وہی تھا۔

ورشا: (غصے) شرم نہیں آتی ایسی بے ہودہ تصویریں لگاتے ہوئے — اچھا ہوا جو وہ کھو گیا!

بلونت: مگر — مگر.....

بچی: وہ فریم کھو یا کہاں ہے۔ اسے تو میں نے دو تین دن پہلے ہی دیکھا تھا۔

بلونت: (خوش ہوکر) دیکھا تھا — کہاں دیکھا تھا؟

بچی: اجیت بھیا کے کمرے میں۔

بلونت: اجیت کے کمرے میں — لیکن وہاں وہ فریم کیوں گیا تھا۔ اجیت کو اس کی کیا ضرورت تھی؟

بچی: یہ تو مجھے معلوم نہیں پتا جی۔ لیکن بھیا اس تصویر سے باتیں کر رہے تھے۔ اور دل پہ ہاتھ رکھ کر گانا گا رہے تھے — میرے سپنوں کی رانی — روحی روحی — میرے سپنوں کی رانی.....

ورشا: اچھا چپ رہ — کیسی بری باتیں کر رہی ہے۔ ان کے دیدوں کا تو پانی ڈھل گیا ہے۔ یہ معلوم نہ تھا کہ گھر میں جوان لڑکی اور لڑکا بھی ہے۔

بس لے آئے ایسی واہیات تصویر۔

بلونت: ارے بھئی کیا مجھے معلوم تھا کہ اجیت اُسے لے اُڑے گا۔ میرے خیال میں تو اچھی ہے وہ تصویر۔

ورشا: تقریر! ـــ ہاں ہاں، جتنا کہنا ہو کہہ لو۔ میری باتیں تو اب تقریر ہی معلوم ہوں گی۔ کڑوی باتیں جو ہیں۔

بلونت: (جھلاہٹ) ارے بھئی تقریر نہیں کہہ رہا۔ تصویر کہہ رہا ہے تصویر۔

ورشا: اچھا ہے کھو گئی تصویر۔ خس کم جہاں پاک!

بلونت: تم تو ایسی ہی دل جلانے والی باتیں کرو گی ـــ اب بتاؤ کہاں ڈھونڈوں اُس فریم کو۔

بچی: اجیت بھیا تو کہہ رہے تھے کہ وہ اور بہت سی چیزوں کے ساتھ اُس فریم کو کباڑی کے ہاتھ بیچ دیں گے۔

بلونت: (حیرت) کباڑی!

ورشا: کون سی ساڑی! کیا ساڑی لاؤ گے میرے لئے؟

بلونت: ارے بھگوان کے لئے چپ رہو۔ مت کان کھاؤ میرے۔ ساون کے اندھے کو تو ہرا ہی ہرا دکھتا ہے۔

ورشا: بس میں نے ساڑی کا ذکر کیا اور جل گئے۔ ہونھ!

بلونت: (خوشامد) گڑیا بیٹی! کیا اجیت واقعی تم سے یہ کہہ رہا تھا!

بچی: ہاں پتاجی۔ کہہ تو رہے تھے۔ کہتے تھے کہ تصویر نکال لونگا اور فریم بیچ دوں گا۔

بلونت: مر گیا ـــ کہیں اُس گدھے نے سچ مچ فریم نہ بیچ دیا ہو۔!

بچی: جب شدھا دیدی نے اُنہیں ڈانٹا تو کہہ دیا کہ اچھا پوری چیزیں

بیچ دوں گا۔ تصویر بھی اور فریم بھی۔

بلونت: ارے مگر وہ کیوں بیچ دے گا۔ کیا اُس کے باپ کا مال ہے؟

ورشا: فون کال ہے!۔ اچھا میں جاکر سنتی ہوں کال۔

[آواز دور ہوتی جاتی ہے]

بلونت: مجھے یقین ہے کہ یہ عورت مجھے ضرور پاگل کر دے گی۔ اچھا گڈی تم جاؤ۔ میں کباڑی بازار جاتا ہوں۔ ہو سکتا ہے کہ اجیت نے نندو پہلوان کے ہاتھ فریم بیچ دیا ہو۔ اگر ایسا ہوا تو نندو سے ضرور مل جائے گا۔

بھجی: میں بھی چلوں پتا جی؟

بلونت: (مائیک سے دور ہوتے ہوئے) نہیں گڈی نہیں۔ میں خود ہو آتا ہوں۔ تم جاکر پہلے کھانا کھا لو۔

[ساز بجتا ہے۔ وقفہ۔ بازار کے شور کا ریکارڈ شروع]

بلونت: (دور سے مائیک کے قریب آتے ہوئے) نمستے نندو پہلوان!

نندو: (کرخنداری لہجہ) اماں آیئے آیئے۔ یہ صُبح ہی صُبح اپنی یاد کیسے آ گئی ہے بابوجی۔؟

بلونت: صبح کہاں ہے پہلوان۔ ساڑھے چار بج رہے ہیں۔

نندو: ہاں ہاں۔ میں بھی ٹھیک ہی کہہ رہا ہوں۔ اپنے لئے تو پیارے یہ صُبح ہی کا وقت ہے۔

بلونت: اماں پہلوان! ایک بہت ضروری کام آپڑا ہے بھائی۔

پہلوان: بولو بھائی بولو۔ ہم تو خدمت کے لئے تیار بیٹھے وے ہیں

بلونت: میرا لڑکا اجیت پرانے سامان کے ساتھ ایک تصویر کا فریم بیچ گیا

ہو گا۔ جس میں چھپن چھری ہیروئن کی تصویر لگی ہوئی ہے۔

پہلوان: تصویر! بھگوان قسم بلونت بابو تصویر تو ایسی ہے کہ بڈھا دیکھے تو جوان ہو جائے۔

بلونت: (خوش ہوکر) مطلب یہ کہ وہ فریم بیچ گیا ہے۔

پہلوان: فریم کو میں کیا جانوں ــــ میں تو تصویر کو جانتا ہوں۔

بلونت: (خوشامد) جب تم تصویر کو جانتے ہو تو فریم کو بھی جانتے ہو گے؟

پہلوان: اماں بابا نی زبردستی! تصویر تو مجھے پہلے دنا ہی پسند آ گئی تھی۔ رسالے میں سے پھاڑ کر اپنی گدی کے نیچو رکھ لی تھی ــــ دکھاؤں؟

بلونت: ارے بھائی تصویر کو گولی مارو۔ مجھے تو فریم کی بات کرنی ہے۔

پہلوان: تو کرو ــــ قسم اُڑن جھلے کی تب سے اب تک پہیلیاں ہی بجھوا رہے ہو!

بلونت: اجیت فریم تو نہیں بیچ گیا؟

پہلوان: نہیں تو ــــ بالکل نہیں۔

بلونت: گھر کا دوسرا کباڑ تو بیچنے کو آیا ہو گا ــــ سوال یہ ہے کہ وہ کیوں بیچ گیا؟

پہلوان: اجیت بابو کہہ رہے تھے کہ وہ سامان بیچ کر بائیسکوپ کے ٹکٹ لائیں گے۔

بلونت: (چیخ کر) ٹکٹ ــــ؟

پہلوان: جی ہاں ــــ بلما چھیڑ گیو رے فلم کے ٹکٹ ــــ یہ چھپن چھری وہی فلم میں تو کام کر رہی ہے بلونت بابو۔

بلونت: اُفوہ! ــــ مطلب یہ کہ وہ فریم نہیں بیچ کر گیا ــــ یہی نا؟

پہلوان: ہاں جی ــــ بالکل یہی۔

بلونت: بس تو پھر گھر ہی میں ہوگا فریم ــــ (آواز دور ہوتی جاتی ہے۔) ابتو ایک ایک کمرے کی تلاشی لینی ہوگی۔

پہلوان: اجی سُنیئے تو یا بوجی ــــ سُنیئے تو۔

بلونت: (دُور سے) بالکل وقت نہیں ہے سُننے کا۔ پانچ بجنے والے ہیں بھائی۔

(ساز بجتا ہے)

بلونت: (دُور سے مائیک کے قریب آتے ہوئے) جب وہاں نہیں ہے تو یقیناً گھر میں ہی کہیں پڑا ہوگا۔ ورشا کو اپنے سوا کوئی دوسری عورت خوبصورت ہی کب لگتی ہے۔ چھپٹن چھُری کی تصویر دیکھ کر جل گئی ہوں گی اور چھُپا دیا ہوگا کہیں پر یہی فریم۔

ورشا: (دُور سے) کہاں گئے تھے گھبراہٹ میں؟

بلونت: (غصّہ) جہنّم میں!

ورشا: فلم میں! ــــ خیر اتنی جلدی تو فلم ہیں سے نہیں آسکتے تھے ــــ کوئی اور ہی بات ہے۔

بلونت: اچھا تم بولو مت وہیں بیٹھی رہو۔ میرے قریب آنے کی ضرورت نہیں ہے۔

ورشا: (دُور سے) محبّت ــ! دیکھو بچّوں کے سامنے تو محبت و حبّت کے لفظ مت بولا کرو۔ کیا اچھے لگ رہے ہیں کہتے ہوئے کہ محبت کی ضرورت نہیں۔

بلونت: (خود کلامی) یہ تو بولتی ہی رہیں گی۔ بہتر یہ ہے کہ جواب ہی نہ دیا جائے اور اپنے کام سے کام رکھا جائے ــــ (ٹھنڈا سانس) کہاں سے

دیکھنا شروع کروں۔ تعجّب ہے، ایک معمولی سا فریم نہیں مل رہا۔ اجیت اور سُدھا نے دیکھا تو تھا۔ گڈی کہہ رہی ہے۔ لیکن اب تو وہ دونوں کالج میں ہوں گے۔ اُن سے کس طرح معلوم کیا جائے۔ وقت بیتے چلا جا رہا ہے اور فریم کا کچھ اتہ پتہ نہیں ــــ رامو سے پھر پوچھتا ہوں۔

(بلند آواز) رامو ــــ اے رامو۔

رامو: (دُور سے) آیا سرکار۔ ابھی آیا ــــ (مائیک کے پاس آکر) جی۔ کہیئے مالک؟

بلونت: اماں یار وہ فریم کی تلاش کرو! ــــ نہ جانے اُسے زمین نگل گئی یا آسمان؟

رامو: آسمان ہی نگل گیا ہوگا سرکار۔ ایسی دھانسو لڑکیاں جیسی کہ اُس تصویر میں ہیں۔ زیادہ دن زمین پر نہیں رہتیں۔ جہاں کسی کی نظر لگی اور اوپر چلی گئیں۔ (ہنستا ہے)

بلونت: تجھے بکواس کرنے کی بہت عادت ہو گئی ہے۔ فریم کی بات ہو رہی ہے یا لڑکیوں کی؟

رامو: اب کیا کروں مالک۔ میری سمجھ میں تو کچھ نہیں آتا۔ جادُو کا فریم ہو گیا کرشموں کر کے غائب ہو گیا۔

بلونت: ارے وقت نکل جلئے گا اور میں ہاتھ ملتا رہ جاؤں گا۔

رامو: تو آپ ہی بتائیے کہ میں کیا کروں؟

بلونت: دفع ہو جا میرے سامنے سے ــــ خبردار جو اَب تو نے مجھے موُنہہ دکھایا۔

رامو: جانے وقت تو مالک میری پیٹھ ہی دیکھائی دیگی آپ کو۔

[ہنستا ہوا دور چلا جاتا ہے۔

ورشا: (دُور سے مائیک کے قریب آتے ہوئے) مل گئی وہ چیز جسے تم ڈھونڈ رہے تھے بلا!

بلونت: (پریشان اور مُردہ لہجہ) کہاں مل گئی ـــ جس گھر میں تم ہو وہاں چیز ایک بار کھو کر دوبارہ تھوڑے ہی ملا کرتی ہے۔

ورشا: (ناراضی) پھر دل جلانے کی باتیں کیں تم نے؟

بلونت: تو پھر اور کیا کروں۔ تم تو خوش ہوں گی کہ میری قیمتی چیز کھو گئی ہے۔ اب تو پڑ گئی تمہارے دل میں ٹھنڈک؟

ورشا: (گھبرا کر) مینڈک! ہائے رام۔ کیا باہر مینڈک لانے گئے تھے۔

بلونت: اُفوہ! ـــ میں پاگل ہو جاؤں گا۔

ورشا: مجھے بہت گھن آتی ہے۔ عجیب سا جانور ہے۔

بلونت: (غصّہ) سچ کہتا ہوں سر پھوڑ لوں گا اپنا۔ میں نے ٹھنڈک کہا تھا! یا مینڈک۔ جُوں جُوں تمہاری عمر گذرتی جاتی ہے تم کچھ زیادہ ہی اونچا سننے لگی ہو۔

ورشا: کیا بُننے لگی ہوں ـــ تو بھلا اِس عمر میں سوئٹر بُنوں گی۔ بُنوانا ہو تو اپنی بیٹی سُدھا سے بُنوانا۔ وہ کالج سے بڑے اچھے اچھے نمونے لے کر آتی ہے۔

بلونت: (جل کر) سب سے عمدہ نمونہ تو تم ہو اِس گھر میں۔

ورشا: دفتر میں ـــ ہاں ہاں دفتر میں پہن کر جایا کرنا۔

بلونت: (دانت بھینچ کر) ورشا ـــ یہاں جان پر بنی ہے اور تم اور جلا رہی ہو۔

ورشا: ہاں ہاں بچوں کو کھلا کر ہی آ رہی ہوں۔

بلونت: سچ کہتا ہوں کہ اب میرا دماغ خراب ہو جائے گا۔

ورشا: جُراب ـــــ اچھا اب سمجھی کہ تم جُراب ڈھونڈ رہے ہو۔

بلونت: (بے حد غصّے سے) جُراب نہیں، سُکون ڈھونڈ رہا ہوں اپنا سکون۔

ورشا: افوہ! فون اِس کمرے میں کہاں ہے؟ وہ تو ڈرائنگ روم میں ہے۔

بلونت: میں کہتا ہوں بھگوان کے لئے خاموش ہو جاؤ۔

ورشا: چلو ہو گئی ـــــ لیکن میں دیکھ رہی ہوں کہ تم صبح ہی سے مینڈک کی طرح اُچھلتے پھر رہے ہو۔

بلونت: (غصّہ) چلو میں مینڈک ہی سہی ـــــ بس؟

ورشا: ناراض ہو گئے۔ (ہنستی ہے)

بلونت: (جل کر) نہیں تو، بہت خوش ہوں۔

ورشا: (محبت سے) جب تم ناراض ہوتے ہو تو بہت اچھے لگتے ہو۔

بلونت: (تیز لہجہ) ہرگز نہ لاؤں گا ساڑی ـــــ اب یہ چاپلوسی رہنے دو۔

ورشا: تم سے اگر پیار سے بولا جائے تو کاٹنے کو کیوں دوڑتے ہو؟

بلونت: (طنز) واہ واہ ـــــ واہ، یعنی میں کُتّا ہوں جو کاٹنے کو دوڑوں گا؟

ورشا: (ہنسی) تم ہی کہہ رہے ہو۔ میں نے تو نہیں کہا۔

بلونت: ہاں ہاں، میں اُلجھن میں ہوں نا۔ کُتّا بناؤ، بلّی بناؤ، چوہا بناؤ۔ پتی ورتا بیوی جو ہو۔

ورشا: سچ! تمہارے غصّے پر پھر سے پیار کرنے لگا ہے۔ (ہنستی ہے)

بلونت: (جزبز ہو کر) اوہ بھگوان کیا کروں ـــ ورشا ـــــ دیکھو ورشا ذرا

قریب آؤ اور بھگوان کے لیئے میری بات غور سے سُن لو۔ ورنہ میں سچ کہتا ہوں کہ میں آج ضرور پاگل ہو جاؤں گا۔ یہاں آؤ ۔۔۔ اور قریب۔

ورشا: ہاں بولو ۔۔۔ کیا بات ہے، آگئی۔

بلونت: بات یہ ہے کہ ۔۔۔۔

ورشا: کیا چیز کھو گئی ہے تمہاری۔ میں تو صبح سے ہی پوچھ رہی ہوں تم بتاتے ہی نہیں۔

بلونت: بتاتا ہوں بتاتا ہوں۔

ورشا: پرس تو نہیں کھو گیا۔

بلونت: نہیں پرس نہیں کھویا۔ پرس کھو جاتا تو اتنا افسوس نہ ہوتا کیونکہ اُس میں پیسے بہت کم ہوتے ہیں۔

ورشا: پیسے نہیں ہوتے تو نوٹ تو ضرور ہوتے ہیں۔

بلونت: نوٹ نہیں ۔۔۔ تمہاری تصویر ہوتی ہے اُس میں اور وہ مجھے یہ یاد دلانے کے لیئے کہ مجھے زیادہ خرچ نہیں کرنا ہے۔

ورشا: ہاں ۔۔۔ یہ تو بہت اچھی بات ہے۔ لیکن بتاؤ تو کیا چیز کھوئی ہے۔

بلونت: سُنا تو دوں مگر تمہاری ناراضگی کا ڈر ہے۔

ورشا: لو ۔۔۔ میں بھلا کیوں ناراض ہونے لگی۔ کہو تو سہی۔

بلونت: (خوشامدانہ لہجہ) بات یہ ہے کہ ورشا کہ ۔۔۔ اداس ہوں، کبھی تم ضرور ناراض ہو جاؤ گی۔

ورشا: نہیں ہونگی نہیں ہوں گی ۔۔۔ کہو تو لکھ کر دے دوں۔

بلونت: (ڈھٹائی سے ہنستا ہے) نہیں ایسی بات بھی نہیں۔ ویسے بات یہ ہے کہ وہ رمیش صاحب ہیں نا ۔۔۔ بس ساری خطا انہیں کی ہے۔

اُنھوں نے ہی ضد کی تھی۔

ورشا: کیا کی تھی — ذرا زور سے بولو نا۔ مجھے صاف سُنائی نہیں دے رہا۔

بلونت: ضد — (زور سے) ضد ضد۔ ضد کی تھی رمیش صاحب نے۔

ورشا: سمجھ گئی۔ ضد اُنھوں نے ہی کی تھی، تم تو بہت ہی معصوم اور رام جی کی گائے ہو۔

بلونت: اُن کو ہی شوق اُچھلا کرتا ہے۔ انھوں نے مجھے پندرہ روپے دے دیئے۔ تاکہ — تاکہ۔

ورشا: ائے ہئے — اب بولو گے بھی یا تاکے تاکے ہی کرتے جاؤ گے۔

بلونت: یقین مانو روپے میں نے خرچ نہیں کئے۔ وہی میرے سر ہو رہے تھے۔ اُنھوں نے ہی روپے دیئے تھے۔

ورشا: تم تو ایسے گھبرا گئے ہو جیسے روپے تم نے ہی خرچ کئے ہوں — خیر لیکن کس بات کے لئے روپے دیئے تھے؟

بلونت: (گھبراہٹ) اُنھوں نے کہا تھا کہ ٹی ٹی — ٹکٹ لے آنا۔

ورشا: ٹکٹ — کس چیز کے ٹکٹ؟

بلونت: (گھبراہٹ) بلما چھیڑ گئو رے!

ورشا: (حیرت) ہائیں — یہ اب ٹھمری گانے لگے — ٹھمری گانے کی کیوں سوجھی؟

بلونت: ٹھمری نہیں ہے۔ فلم کا نام ہے۔ بلما چھیڑ گئو رے۔

ورشا: (معنی خیز لہجہ) فلم کا نام ہے — ہوں — اب سمجھی۔

بلونت: رمیش صاحب نے کہا تھا کہ فلم کے ٹکٹ لے آؤں۔ بس میں لے آیا۔ سوچا کہ رمیش صاحب.....

ورشا: (غصے) رمیش کو جھونکو چولہے میں ـــــ جب میں تم سے کئی بار کہہ چکی ہوں کہ فلم ہمیشہ میرے ساتھ دیکھا کرو تو تم نے رمیش کے ساتھ جانے کا فیصلہ کیسے کر لیا ـــــ وہ تمہارے صاحب بیشک ہیں مگر تم چپراسی کی طرح کیوں گئے ٹکٹ لینے ؟ ـــــ میں مان ہی نہیں سکتی کہ ٹکٹوں کے پیسے اُنھوں نے دیئے ہوں گے ـــــ تمہاری ہی جیب پر بار پڑا ہوگا۔

بلونت: (خوشامد) ورشا ـــــ ورشا رانی۔ دیکھو ایسا الزام مت لگاؤ۔ میں تو شرم سے پانی پانی ہوا جا رہا ہوں۔

ورشا: (غصہ) میں پوچھتی ہوں کہ ہم میں یہ بات طے نہیں ہوئی تھی کیا ـــــ ؟

بلونت: ہوئی تھی، بیشک ہوئی تھی ـــــ لیکن رمیش میرے آفیسر ہیں۔ اُن کا کہا میں کیسے ٹال سکتا ہوں۔؟

ورشا: کیا پال سکتے ہو۔؟

بلونت: پال نہیں۔ ٹال ٹال۔ مطلب یہ کہ میں آفیسر کی بات نہیں ٹال سکتا۔ ماننی ہی پڑے گی۔

ورشا: تمہارے آفیسر کی بیوی اپنی سہیلیوں کے ساتھ چلی جاتی ہوگی مگر میری تو کوئی سہیلی نہیں ہے جس کے ساتھ میں فلم میں جاؤں۔ اور پھر تمہارے ہوتے ہوئے کسی اور کے ساتھ فلم میں کیوں جاؤں! بولو ـــــ ؟!

بلونت: اب تو غلطی ہوگئی ورشا۔ اِس بار معاف کردو۔ آئندہ سوچ سمجھ کر ٹکٹ لاؤں گا۔

ورشا: (نرمی سے) چلو اب جو ہو گیا سو ہو گیا ــــ مگر اب تم پریشان کیوں ہو ؟

بلونت: کیا بتاؤں کیوں پریشان ہوں ؟

ورشا: ٹکٹوں کا فریم سے کیا تعلق ہے۔ یہ تو بتاؤ۔

بلونت: تعلق ہے۔ اور بہت بڑا تعلق ہے۔ بات یہ ہے کہ میں نے دو ٹکٹ ایڈوانس بک کروالیے تھے۔ رات کو جب گھر آیا تو تمہارے ڈر سے ٹکٹ پرس میں یا اپنی جیب میں نہیں رکھے۔

ورشا: کہے جاؤ سب سن رہی ہوں۔

بلونت: میں سمجھتا ہوں کہ تم روزانہ بچوں کو پیسے دینے کے لیے میری جیبیں ٹٹولتی ہو۔ (ہنستا ہے) حالانکہ یہ کوئی ایسی خاص بات بھی نہیں۔ تمہیں اس کا حق پہنچتا ہے، تم جو چاہو نکال سکتی ہو۔

ورشا: خیر روز تو نہیں۔ کبھی کبھی ایسا ضرور ہوتا ہے۔ اچھا پھر ؟

بلونت: پھر یہ کہ بلما چھیڑ گیو رے کے ٹکٹ میں نے تمہارے ڈر سے پرس میں نہیں رکھے۔ حسینہ مان جائے گی فلم کی حسینہ کے پاس امانتاً رکھوا دیئے۔

ورشا: گھسوا دیئے ! ــــ کیا ٹکٹوں کے دام گھٹ گئے ؟

بلونت: (مجبوراً ہنستا ہے) نہیں نہیں۔ (بلند لہجہ) رکھوا دیئے۔ امانتاً رکھوا دیئے۔

ورشا: اوہ ــــ اچھا پھر ؟ ــــ لیکن ٹھہرو۔ اس کے پاس کیسے رکھوا دیئے۔ وہ تو ایک واہیات سی تصویر تھی۔

بلونت: تم سمجھیں نہیں۔ میں نے وہ ٹکٹ اس تصویر کے فریم کے اندر رکھ دیئے

کہ کسی کو پتہ بھی نہ چلے گا اور میں وقت پر ٹکٹ نکال بھی لوں گا۔
اب مجھے کیا معلوم تھا کہ آج کی نسل کو وہ داہیات تصویر اتنی
پسند آئے گی کہ وہ فریم ہی غائب کر دے گی۔

ورشا: اچھا تو یہ بات ہے۔ لیکن وہ فریم غائب تو نہیں ہوا۔

بلونت: (حیرت) غائب نہیں ہوا ــــ پھر کیا ہوا اُس کا۔؟

ورشا: میں نے وہ فریم بیچ دیا۔

بلونت: (گھبراہٹ) بیچ دیا۔۔۔!

ورشا: اچھا نہیں لگتا تھا۔ ایسی بری تصویر بچوں کے گھر میں رہنی ہی نہیں
چاہیئے تھی۔

بلونت: (پریشانی) کیا نند وکباڑی کو بیچ دیا ــــ اُس کے پاس سے تو
میں ہو کر آیا ہوں۔ وہاں تو نہیں ہے۔

ورشا: پرانے مال کی آواز لگانے والا ایک کباڑی گھر پہ آتا ہے نا ــــ اُسے
دے ڈالا۔

بلونت: (وہ بھگوان۔ میں تو نند و پہلوان کے کباڑ میں ایک ایک جگہ اُسے
دیکھ آیا ــــ یہ تم نے کیا غضب کر دیا۔؟

ورشا: سبب! سب یہی ہے کہ میں ایسی بے ہودہ تصویر گھر میں رکھنا
پسند نہیں کرتی تھی۔

بلونت: اُفوہ ــــ اب کیا کروں ــــ کیا نام ہے اُس کباڑی کا۔

ورشا: مجھے تو معلوم نہیں۔ اجیت اور رشدہ صاحب کالج جا رہے تھے
تو کباڑی نے آواز لگائی۔ میں نے اجیت سے کہا کہ وہ جاتے وقت
وہ فریم اتار کر کباڑی کو دیتا جائے۔ اُس نے دے دیا ہوگا۔

بلونت : (نقل اتار کر) اُس نے دے دیا ہوگا۔ کیا مزے سے کہہ رہی ہو۔
ارے اب نہ تو فریم واپس آئے گا نہ ٹکٹ۔ کباڑی کو کیا معلوم
کہ فریم میں ٹکٹ رکھے ہوئے ہیں۔ اور اگر معلوم بھی ہوگیا تو فلم
وہ دیکھ لے گا اور میں ٹاپتا رہ جاؤں گا۔ دکھ سہے بی فاختہ
اور کوّا انڈے کھائے۔

ورشا : ڈنڈے کیسے کھالے گا وہ۔ چُرا کر تھوڑی ہی لے گیا ہے۔ اجیت نے
بیچا ہے اُس کے ہاتھ۔

بلونت : (غصہ) اچھا تم چپ رہو۔ زیادہ جی نہ جلاؤ۔ وہ دونوں بھی ابھی
تک کالج سے نہیں آئے ورنہ کچھ پتہ چلتا۔

ورشا : سُدھا تو چار بجے آجاتی ہے ـــ نہ جانے کیا بات ہے۔ آج
ہی دیر ہوگئی ہے۔

بلونت : ہاں جی ـــ میری قسمت ہی ایسی ہے۔ اِس میں دیر بھی ہے
اور اندھیر بھی ہے ـــ پونے چھے بج رہے ہیں۔ اب تو کہیں
آنا جانا بھی بیکار ہے۔ اب تو ٹکٹوں سے ہاتھ دھو ہی لینا چاہئیے۔

ورشا : تم ہمت ہار دو گے تو کچھ بھی نہ ہوگا۔ جا کر دیکھو تو سہی۔

بلونت : کیا خاک دیکھوں؟ پندرہ منٹ میں کس طرح ٹکٹ ڈھونڈوں گا
اور کیسے سنیما تک پہنچوں گا بس سمجھ لو کہ ٹکٹ نہیں ملنے والے۔

[فون کی گھنٹی دور سے بجتی سنائی دیتی ہے]

ورشا : (خوش ہوکر) شاید وہ کباڑی واپس آگیا۔

بلونت : افوہ اب ـــ نہ سنائی دینے پر یہ حالت ہے۔ اوّل تو تمہیں سنائی نہیں
دیتا۔ اتفاق سے گھنٹی سُن لی تو یہ معلوم نہیں کہ کال بیل نہیں بجی

بلکہ فون کی گھنٹی بجی ہے۔

ورشا: (خوش ہوکر) فون کی گھنٹی ہے — شاید کباڑی کا فون ہوگا۔

بلونت: کباڑی کو کیا ضرورت پڑی ہے فون کرنے کی — آؤ ڈرائنگ روم میں چلتے ہیں۔

راموں: (دُور سے) بی بی جی — بی بی جی، کس کا فون ہے۔

ورشا: (غصہ) سُن لیا سُن لیا۔ بہری نہیں ہوں۔

بلونت: (پریشانی) رتیش صاحب کا ہی ہوگا — اب کیسے اُن سے بات کروں گا؟ جب وہ انتظار کرتے کرتے تھک گئے ہوں گے تو مجبوراً فون کیا ہوگا۔

[گھنٹی بند، ظاہر کرتا ہے کہ ریسیور اٹھا لیا ہے]

ہیلو — ہیلو — بلونت بول رہا ہوں۔

سُدھا: (فون کی آواز) پتاجی یہ میں ہوں — سُدھا۔

بلونت: سُدھا! ہاں بیٹی بولو — کیا بات ہے آج بہت دیر کر دی —؟

سُدھا: دیر تو اور زیادہ ہو جائے گی پتاجی۔ بات یہ ہے کہ میں دیر سے گھر آؤں گی؟۔

بلونت: (حیرت) کیوں — کیا بات ہے؟

سُدھا: پتاجی بڑے مزے کی بات ہوئی۔ ممّی نے گھر میں ایک فریم مجھے دیا کہ اجیت بھیّا کو دے دوں کہ وہ کباڑی کو دے دے۔

بلونت: (گھبرا کر) ف۔ف — فریم — اچھا پھر؟

سُدھا: میں نے فریم کھول کر تصویر نکال لی۔ کیونکہ وہ تصویر بھیّا کو بہت

پسند ہے۔

بلونت: آگے کہو آگے کہو۔

سدھا: بھیّا نے شاید اپنے کسی دوست کے ساتھ فلم دیکھنے کا پروگرام بنا رکھا تھا۔ انھوں نے بالکونی کے دو ٹکٹ پہلے ہی سے ایڈوانس کرا رکھے تھے اور شاید آپ کے اور ممّی کے ڈر سے اس فریم کے اندر چھپا کر رکھ دیئے تھے۔

بلونت: (گھٹی ہوئی آواز) اچھا۔ پھر؟

سدھا: (خوش ہوکر) میں نے وہ ٹکٹ نکال لئے تھے پتا جی۔

بلونت: ت۔ ت۔ تم نے ۔ تم نے نکال لئے تھے!

سدھا: ہاں۔ بھیّا کو مت بتایئے گا۔ خوب مزا آئے گا۔ میں نے انہیں بیوقوف بنا دیا ہے۔

بلونت: وہ بیوقوف بن گیا ہے ۔ نہیں نہیں ایسی بات نہیں ہے۔

سدھا: ایسی ہی بات ہے پتا جی۔ میں نے خواہ مخواہ اس لئے کیا ہے کہ ماتا جی سے کہہ دیجئے گا کہ میں سادھنا کے ساتھ فلم دیکھ رہی ہوں۔ بھیّا بہت پریشان ہوں گے اور شاید نہ بھی ہوں کیونکہ میں اپنی ہونے والی بھابی کے ساتھ فلم دیکھ رہی ہوں (ہنستی ہے)

بلونت: (مجبوراً ہنستا ہے) اچھا اچھا ۔ یہ تو بہت اچھی بات ہے۔ بہت اچھی بات ہے۔

سدھا: بھیّا کو بیوقوف بننے کی بدھائی دے دیں۔ اب بند کرتی ہوں۔ فلم شروع ہونے والی ہے۔ (سلسلہ منقطع)

بلونت: اچھا بھئی اچھا۔ (جھینپی ہوئی ہنسی) وہ سمجھتی ہے کہ اس نے اجیت

گو بیوقوف بنایا۔ حالانکہ بنا میں ہوں۔

(پھر ہنستا ہے) اجی سنتی ہو۔۔ کہاں چلی گئیں۔۔ میں خود ہی بیوقوف بن گیا۔۔ سدھا نے بدھائی دی ہے۔

ورشا: (دور سے بلند لہجہ) کیا کہا سگائی۔۔ سدھا سگائی کر رہی ہے۔

بلونت: (ہنس کر) نہیں نہیں۔ بدھائی بدھائی۔

ورشا: (قریب آکر) کیسی بدھائی۔۔ کیا ہوا۔

بلونت: میں نے ناحق ہی اتنے پاپڑ بیلے۔ فلم کے ٹکٹ سدھا کے پاس تھے اور وہ اب سادھنا کے ساتھ فلم دیکھ رہی ہے۔

ورشا: افسوس۔ اتنی اچھی فلم سے تم محروم رہ گئے اور چھپا کر رکھو ٹکٹ مجھ سے۔ یہی سزا تھی تمہاری۔

بلونت: دیکھو، اب خواہ مخواہ دل نہ جلاؤ۔

ورشا: اب تو ایک ہی طریقہ ہے۔ اچھے شوہر بنو اور کل کی فلم کے لیئے ایڈوانس ٹکٹ لے آؤ۔۔ میرے اور اپنے لیئے۔۔ کیوں، کتنا آسان طریقہ ہے؟

(ہنستی ہے)

بلونت: ہاں جی۔ بہت آسان طریقہ ہے۔ ٹھیک ہے۔ اب تو جانا ہی پڑیگا۔ آفس کے صاحب نہ سہی۔ گھر کی مالکن ہی سہی۔ (محبت آمیز لہجہ) اور پھر تمہارے ساتھ فلم دیکھنے میں تو کچھ اور ہی لطف آئے گا۔ کیوں؟

(دونوں ہنستے ہیں)

[سانہ بجتا ہے]

مہمان جو آنے والا ہے

کردار : پرکاش : ایک قبول صورت اور پڑھا لکھا نوجوان۔
لباس سے آفیسر نظر آتا ہے۔

چرونجی لال : ادھیڑ عمر کا بھاری بھرکم شخص۔ مزاحیہ باتیں کرتا ہے۔ لباس خاکی پتلون اور قمیص۔ ہاتھ میں بیگ۔

باپ : درمیانی عمر کا آدمی۔ گھریلو قسم کا لباس۔ گھبراہٹ ہر انداز سے عیاں ہے۔

ماں : جیسی مائیں ہوتی ہیں۔ داماد کے آگے بچھ جانے والی بے قرار ماں۔

دھنی رام : احمق نظر آنے والا۔ بیوقوف سا شخص۔ باپ کا سالا ہے۔

لاجونتی : ہر وقت اور بات بے بات پر شرماتی ہے۔ بیوقوف سی ہے۔
سر پر پلو پڑا رہتا ہے۔ شرماتے وقت دانتوں میں انگلی دے لیتی ہے اور بل کھاتی رہتی ہے۔

[ایک درمیانی درجے کا بڑا سا کمرہ۔ درمیانہ انداز سے سجا ہوا۔ دیوار پر گھڑی ۹ بجا رہی ہے۔ دائیں طرف باہر آنے جانے کا دروازہ ہے اور بائیں طرف ایک اور دروازہ جو اندرونی کمرے میں کھلتا ہے۔ کونے کی میز پر ٹیلی فون رکھا ہے۔ باپ، ماں اور دھنی رام کمرے کے سامان کو قرینے سے لگانے میں مصروف ہیں۔ باپ میز دائیں طرف جاتا ہے تو ماں بائیں طرف۔ دھنی رام اسی میز کو بیچ میں کر دیتا ہے۔ ظاہر کرتا ہے کہ تینوں میں سے کسی کو بھی دوسرے کا پسند اچھی نہیں لگتی۔ لاجونتی کو دیکھنے کے لئے لڑکا گھر میں آنے والا ہے۔ اسی لئے افراتفری مچی ہوئی ہے]

باپ: (ہاتھ جھاڑتے ہوئے) کیوں لاجونتی کی ماں ـــــ میرے خیال میں تو اب سب ٹھیک ہے۔؟

ماں: (ناک چڑھا کر) کہاں ٹھیک ہے ـــ جو کام عورتوں کا ہے وہ بھلا مرد کیسے کر سکتے ہیں۔ ؟ صوفے اور میز کے بیچ میں جگہ کتنی کم ہے؟ دیکھو!

دھنی: ارے تو دیدی، کیا نام ہے اِس کا ـــــ ابھی ٹھیک کئے دیتے ہیں جیجا جی بیچارے پر کیوں برس رہی ہو۔ ؟

ماں: تم چپ رہا کرو دھنی ـــــ ہمارے معاملے میں بیچ میں مت بولا کرو۔ (صوفے اِدھر اُدھر ہٹانے لگتی ہے)

دھنی: بیچ میں نہیں تو آگے پیچھے بول لیا کروں گا ـــــ کیوں جیجا جی۔ کیا نام ہے اِس کا.....

باپ: (بیزاری سے ہاتھ ہلا کر) ہاں چپ رہو یار۔ اِن کا تو ہر وقت پارہ ہی چڑھا رہتا ہے۔ (گلدان میز پر رکھتا ہے)

ماں: (نرمی سے) پارہ چڑھنے کی بات نہیں۔ لو اب خود ہی دیکھ لو۔

باپ : (پُر ستائش نظروں سے دیکھتے ہوئے) بھئی واہ! ــــ واقعی اب کمرے میں جگہ ہو گئی۔ تم نے ٹھیک کہا تھا جو کام عورتوں کا ہے وہ مرد کر ہی نہیں سکتے۔

ماں : (ایک لمحہ گھور کر دیکھتی ہے) اچھا ٹھیک ہے۔ ایک بار پھر دیکھ لو۔ سب سامان قرینے سے لگا ہے کہ نہیں۔؟

دھنی: ٹھیک ہے دیدی۔ کیا نام ہے اِس کا ــــ اب تو یہ کسی مہاراجہ کا کمرہ دکھائی دیتا ہے۔

باپ : دکھائی دینا بھی چاہئیے۔ میں نے سُنا ہے کہ لڑکا ناک پر مکھی نہیں بیٹھنے دیتا۔

دھنی: (بیوقوفی سے ہنس کر) کوئی بھی نہیں بیٹھنے دیتا۔ کیا نام ہے اِس کا۔ سبھی اُڑا دیتے ہیں جیجا جی۔

ماں : اوہو۔ تم سمجھتے تو ہو نہیں اور بیکار میں بول دیتے ہو۔ اِن کا مطلب ہے کہ لڑکا بڑے گھر کا اور کھاتا پیتا ہے۔

دھنی: دیدی ــــ کیا نام ہے اِس کا ــــ ہم بھی اچھا کھاتے اور پہنتے ہیں۔ ننگے نہیں گھومتے! (بیوقوفی سے ہنستا ہے)

ماں : (ایکدم پلٹ کر غصے سے) تم سچ مچ گڑبڑ کرا دو گے دھنی۔ ابھی سے بحث شروع کر دی۔ جانتے نہیں کہ ہم لڑکی والے ہیں۔ ہمیں لڑکے کے نخرے برداشت کرنے ہی پڑیں گے۔ (گلدان کو ایک جگہ سے ہٹا کر دوسری جگہ رکھتی ہے)

باپ : تمہاری دیدی ٹھیک کہتی ہیں دھنی رام۔ اونچے گھر کا لڑکا ہے اور بہت بڑے دفتر میں آفیسر ہے۔

ماں: (دھنی رام سے) اتنا بڑا آفیسر ہے کہ ہمیشہ اپنے ایک اردلی کو ساتھ لے کر گھومتا ہے۔ ایسے لڑکے کے لیئے ہمیں سجاوٹ بھی کرنی ہوگی اور کھانے پینے کے سامان کو بھی دیکھنا ہوگا ـــــ کسی چیز کی کمی نہیں ہونی چاہئیے۔ سمجھے ؟

باپ: (منہ بنا کے) دھنی رام ؟

دھنی: (گھبرا کر) ہاں جیجا جی ؟

باپ: (سگرٹ سلگاتے ہوئے) تم بعض دفعہ بڑی اُلٹی سیدھی باتیں کرنے لگتے ہو۔ بڑے دنوں کے بعد ایک لڑکا ہماری لاجونتی کو دیکھنے آرہا ہے۔ لڑکے پیڑوں میں تو اُگتے نہیں کہ ہاتھ بڑھا کر توڑ لیں۔ بڑی محنت سے ڈھونڈنے پڑتے ہیں۔ سمجھے ؟۔

دھنی: سمجھ تو گیا جیجا جی ـــ مگر وہ ـــ کیا نام ہے اِس کا ۔۔۔۔

باپ: (شرارت بھری نظر سے ماں کو دیکھتا ہے) تمہارے تیا جی نے بھی سینکڑوں بار التجا کی تھی۔ تب میں گیا تھا تمہاری دیدی کو دیکھنے۔

ماں: (غصّہ۔ پیار) کیا اچھے لگ رہے ہیں ایسی باتیں کرتے ہوئے ـــ سگرٹ ایش ٹرے میں جھاڑو نا۔ کیوں فرش کا ستیاناس کر رہے ہو۔ ؟

دھنی: دیدی لاجونتی نو۔ کیا نام ہے اِس کا ـــ بڑی خوش قسمت ہے کہ اُسے لڑکا دیکھنے آرہا ہے۔ مگر اپنی ہتھیلی میں تو۔ کیا نام ہے اِس کا ـــ شادی کی لکیر ہی نہیں ہے۔ مجھے لڑکی والے نہ جانے کب بلائیں گے۔ ؟

ماں: اوے تو یہ آنے والا لڑکا بھی آسانی سے حامی بھرنے والا تھوڑی ہی تھا لاجپت نگر کی بوا کی بہن کا ایک ماما ہیں۔ اُن کے پڑوس میں رہتا ہے۔ ماں باپ تو ہیں نہیں بیچارے کے۔ اِس لئے اکیلا ہی آرہا ہے۔

(مونہہ بنا کے) حالانکہ مجھے یہ بات پسند نہیں کہ لڑکیوں کو یوں ٹکٹ لگا کر دکھایا جائے۔ لڑکے والوں کو بھی سوچنا چاہئیے۔ آخر اُن کے ہاں بھی تو لڑکیاں ہوں گی۔؟

[گل دان اور دوسری چند چیزوں کو پھر سے جگہ بدل کر رکھ دیتی ہے]

باپ: ہاں یہ بات تو ہے مگر کیا کریں۔ کل فون آیا تھا کہ لڑکا لنچ ٹائم میں دفتر سے سیدھا یہیں آئے گا۔ دھنی رام ذرا تم بھی دیکھو بھیا کوکسر تو نہیں رہ گئی۔؟

دھنی: (ہاتھ کی گھڑی دیکھ کر) سب ٹھیک ہے جیجا جی۔ وقت تو ہوگیا۔ ابھی تک تو کوئی آیا نہیں۔

ماں: (کھڑکی سے باہر جھانک کر) آجائے گا بھیا۔ انتظار تو کرنا ہی پڑے گا۔ (کندھے جھٹک کر) ہم لڑکی والے ہیں نا۔

دھنی: تو کیا نام ہے اِس کا ــــ آپ ہی سے کوئی فون کر کے معلوم کیوں نہیں کر لیتا۔؟

ماں: فون تو خراب ہے دھنی۔ (ناک چڑھا کر) کل سے بے گنتی کمپلین کر رکھی ہیں۔ اب سمجھ نہیں آیا کہ ان کمپلین والوں کی کمپلین کس سے کی جائے؟

دھنی: لو ــــ فون بھی کیا نام ہے اِس کا ــــ آج ہی خراب ہونا تھا۔

(آگے بڑھ کر دائیں طرف والی کھڑکی سے جھانکتا ہے)

باپ: (بیوی سے) ارے بھئی سنتی ہو ــــ میں نے کہا لاجونتی کو تو اچھی طرح سمجھا دیا ہے نا۔

ماں: ابھی وہ کالج کے ڈراموں میں ہیروئن بن چکی ہے۔ بے فکر رہو۔ اپنا پارٹ ٹھیک طرح کرے گی۔ ایک گانا بھی یاد کر لیا ہے۔ اُسنے۔

باپ: (بیزاری سے) اوہو! یہ کالج کا اسٹیج نہیں زندگی کا اسٹیج ہے۔ سمجھیں؟
ارے اُسے کہنا کہ نظریں نیچی رکھے۔ زیادہ نہ بولے خاموش رہے۔
کوشش کرے کہ بس ہر وقت مُسکراتی رہے — ہاں بھئی آج کل
کے لڑکوں کا کوئی بھروسہ نہیں۔

ماں: ہماری لاجونتی لاکھوں میں ایک ہے۔ مجال ہے کہ کوئی اُسے دیکھ لے
اور پسند نہ کرے — ہیرہ ہے ہیرہ — ہاں۔

دھنی: اچھا تو ہیرے کو پرکھنے والا کیا نام ہے اس کا — جوہری کبھی تو آئے۔
وقت نکلا جا رہا ہے اور کیا نام ہے اِس کا، میرے یار کا ندا بھی
اتہ پتہ نہیں ہے۔

باپ: (ناپسندیدگی سے) او بھیّا دھنی رام — تم اپنے اِس کیا نام ہے
اِس کا۔ کو کچھ دیر کے لئے نہیں روک سکتے۔؟

دھنی: کہاں سا روک سکتا ہوں جیجا جی — کیا نام ہے اِس کا —
عادت جو پڑ گئی ہے۔

ماں: (ڈانٹ کر) اچھا چپ رہو — نہ جانے کیا بات ہے، (دروازے
کی طرف دیکھ کر) ابھی تک نہیں آیا۔ شاید اور دیر لگ جائے۔
ناشتہ کہیں خراب نہ ہو جائے۔

دھنی: دیر لگے گی دیدی تو اپنا تو کلیان ہو چکے گا۔ بات یہ ہے کہ پہلے
تو کیا نام ہے اِس کا معمولی سے کیڑے مکوڑوں نے بھاگ دوڑ
شروع کی تھی۔ اُن کے پیچھے چوہے دوڑتے رہے۔ چوہوں کے
پیچھے کیا نام ہے اِس کا، بلیّاں اور بلیّوں کے پیچھے کتّے — اب تو
بھوک کے مارے یہ حالت ہے دیدی کہ کیا نام ہے اِس کا، پیٹ میں

ریس کی تیاریاں ہو رہی ہیں۔

[جیجا جی کے کندھے پر ہاتھ مار کر زور سے ہنستا ہے۔ وہ غصے سے دیکھتے ہیں۔ ماں ہنس پڑتی ہے تو بلند آواز سے قہقہہ لگاتا ہے — ہنسی کے درمیان دروازے کی گھنٹی کی آواز آتی ہے۔]

ماں: (ہنستے ہنستے ایکدم خاموش ہو کر) — سُننا! کیا یہ گھنٹی کی آواز تھی؟

دھنی: نہیں ڈیڈی تمہارے تو کان بج رہے ہیں۔ (دوبارہ ہنسنا چاہتا ہے کہ باپ موہنہ پر ہاتھ رکھ دیتا ہے)

باپ: نہیں نہیں۔ میں نے بھی آواز سُنی تھی۔ تمہاری ہی ہی ہی اتنی تیز تھی کہ سنائی ہی نہیں دی۔

دھنی: گھنٹی ہوتی تو بولتی نہیں — ٹھہرئیے میں کھڑکی میں سے جھانک کر دیکھتا ہوں۔

[دبے دبے پاؤں رکھتا ہوا کھڑکی کے پاس جا کر تھوڑی سی جھری کھول کر دیکھتا ہے اور پھر گھبرا کر پلٹتا ہے اشاروں سے بتاتا ہے کہ ریلا کا آگیا۔ ایکدم کھلبلی مچ جاتی ہے۔ ماں باپ چیزوں کو ایک بار پھر قرینے سے رکھنے لگتے ہیں۔ گھنٹی پھر بجتی ہے۔ سب اُچھل جاتے ہیں۔]

دھنی: (دبی آواز میں) باادب باملاحظہ ہوشیار — ڈیڈی سب سامان پر پھر ایکبار نظر ڈال لو — کیا نام ہے اسکا کہ کچھ رہ نہ جائے۔

ماں: (دبی آواز میں) ارے یہ تولیہ صوفے پر کس نے ڈال دیا۔؟

باپ: (؍؍) ہٹاتا ہوں ہٹاتا ہوں — ارے کوئی جاکر دروازہ تو کھولو۔

دھنی : (دبی آواز میں) میں جاتا ہوں۔ جی ۔ جی۔ اور دیدی ـــــ کیا نام ہے
اِس کا ـــــ تم سر پر پلّو تو ڈال دو۔

[دیدی سر پر پلّو ٹھیک کرتی ہے اور ایک لمحہ کے لئے دیوار میں لگے
ہوئے آئینے میں خود کو دیکھنے لگتی ہے۔ باپ دوڑ کر ہاتھ پکڑتا ہے
اور جھٹکے سے آئینے کے سامنے سے کھینچ لاتا ہے۔ دھنی رام دروازے
کی طرف لپکتا ہے]

باپ : (غصے سے) آئینے میں تو تم خود کو اِس طرح دیکھ رہی تھیں جیسے لڑکا
تمہیں ہی دیکھنے آرہا ہو۔ ارے بھاگوان یہ بننے سنورنے کا وقت ہے؟
جاؤ آگے بڑھ کر اُس کا استقبال کرو۔ (بیوی جھٹکے سے مڑ کر آگے
بڑھتی ہے)

دھنی : (کواڑ کھول کر) ہاں جی کہئے ـــــ کیا نام ہے اِس کا ـــ کون صاحب
ہیں، کس سے ملنا ہے۔؟

پرکاش : (ابھی صرف آواز سنائی دے رہی ہے) جی ـــــ وہ ـــــ مکان نمبر ۴۳
یہی ہے کیا ؟۔

دھنی : (خوش ہو کر ہاتھ بڑھاتا ہے) جی ہاں کیا نام ہے اِس کا یہی ہے یہی ہے۔
اور آپ پرکاش چندر ہیں ـــ کیوں ؟ (ہنستا ہے)

پرکاش : (حیرت سے) جی ہاں ـــــ مگر صرف پرکاش ـــــ پرکاش چندر
نہیں ـــــ مگر ؟

دھنی : (ہاتھ ملا کر اور پھر کھینچ کر اندر لاتے ہوئے) چلئے کیا نام ہے اس کا صرف
پرکاش ہی سہی۔ مگر یہ دیکھئے کیسے پہچانا ـــــ آپ ہی کا تو انتظار
ہو رہا تھا۔ صبح سے۔ آئیے آئیے۔ تشریف لائیے ـــــ وہ کیا نام ہے اسکا ۔۔

وہ آئیں گھر میں ہمارے خدا کی قدرت ہے

کبھی ہم اُن کو کبھی اپنے گھر کو دیکھتے ہیں (ہنستا ہے)

[پرکاش کو اندر آتے دیکھ کر ماں خوش ہو کر بار بار پلو ٹھیک کرتی ہے۔ اور باپ ایک صوفہ کو خواہ مخواہ جھاڑتا ہے]

پرکاش: جی ہاں ذرا دیر ہو گئی۔ (ماں باپ کو دیکھ کر نمستے کرتا ہے۔ دونوں جواب دے کر محبت بھری نظروں سے دیکھتے ہیں) میں تو پہلے ہی آجاتا مگر بات ایسی ہو گئی کہ .....

دھنی: (خوشی سے بے قرار ہو جاتا ہے) سب جانتا ہوں ایک ایک بات جانتا ہوں ـــــ کیا نام ہے اس کا۔ دفتر سے فرصت ملے تبھی تو آدمی وقت پر کہیں پہنچے۔ (زور سے ہنستا ہے۔ ماں اور باپ بھی ہنستے ہیں۔ پرکاش دائیں طرف کے دروازے کو بار بار دیکھ رہا ہے)

پرکاش: جی ہاں یہ بات تو ہے (دروازے کی طرف آواز دے کر) آجاؤ چرونجی لال، آجاؤ ـــــ اندر آجاؤ۔

[چرونجی لال ہاتھ میں بیگ لئے اندر آتا ہے۔ بیوقوف سا ہے۔ ہر وقت دانت نکلے رہتے ہیں۔ اندر آکر نمستے کرتا ہے]

دھنی: (ہنس کر) مجھے معلوم ہے۔ کیا نام ہے اس کا .....

پرکاش: (جلدی سے) چرونجی لال۔

دھنی: (جلدی سے ہاتھ ہلا کر) اجی نہیں ـــــ نام نہیں پوچھ رہا ـــــ میرا مطلب ہے کہ یہ بات تو ہمیں پہلے ہی سے معلوم تھی کہ آپ کا اردلی بھی آپ کے ساتھ ہی آئے گا ـــــ کیوں جیجا جی؟

باپ: (خوشی سے ہاتھ ملتے ہوئے) بڑے گھر کے لڑکوں کی یہی بات ہوتی ہے۔

دھنی (پرکاش سے) بیٹھ جاؤ بٹیا صوفے پر بیٹھ جاؤ۔

پرکاش: جی شکریہ — تم بھی بیٹھ جاؤ چرونجی لال۔

[چرونجی زمین پر آلتی پالتی مار کر بیٹھ جاتا ہے۔ لیکن دھنی اور باپ زبردستی اُسے صوفے پر بٹھلاتے ہیں]

چرونجی: (پوربی لہجے میں بولتا ہے) دھنیہ واد منتری میاں جی۔ ویسے ہم تو نیچے ہی ٹھیک تھے۔

دھنی: اب پرکاش جی، آپ تھوڑا سا تعارف حاصل کر لیجئے، یہ میری دیدی ہیں۔ یہ جیجا جی اور یہ میں ہوں دھنی رام۔ (ہنستا ہے)

پرکاش: (سب کو باری باری نمستے کرتا ہے) آپ سے مل کر بڑی خوشی ہوئی۔

چرونجی: ہمیں بھی بہت خوشی ہو رہی ہے۔ (ماں باپ پرکاش کے سامنے والے صوفے پر بیٹھ جاتے ہیں)

ماں: (محبت سے) ہمارے بڑے بھاگ بٹیا جو تم نے یہاں آنے کی تکلیف کی۔

پرکاش: جی نہیں تکلیف کی بھلا کیا بات ہے — یہ تو میرا فرض تھا۔ آنا تو تھا ہی بس تھوڑی سی دیر ہو گئی۔

ماں: (بلائیں لے کر) جگ جگ جیو بٹیا۔ بھگوان تمہیں خوش رکھے۔

باپ: ہم تو بٹیا نا امید ہو گئے تھے۔ آنکھیں تھک گئی تھیں راہ دیکھتے دیکھتے (سگرٹ پیش کرتا ہے)

پرکاش: جی شکریہ! سگرٹ نہیں پیا کرتا۔ (بیوی غصے سے باپ کو گھورتی ہے۔ وہ گھبرا کر بڑھا ہوا ہاتھ پیچھے کھینچ لیتا ہے)

چرونجی: بیڑی ہو تو ہمیں دے دیجئے۔ ہم پی لیں گے۔ بیڑی کی جو بات ہے وہ سگرٹ میں کہاں ہوتی ہے۔

پرکاش : (ڈانٹ کر) اے چرونجی لال ــــ خاموش رہ۔ کیا بے ہودگی ہے؟
باپ : نہیں نہیں بیڑی بھی آ جائے گی۔ یا پھر اتنے سگرٹ لیجئے (چرونجی کو سگرٹ دیتا ہے) دھنی رام؟
دھنی : ہاں جیجاجی۔
باپ : ارے بھئی اندر سے ناشتے کا وہ سامان تو لے آؤ۔ مصروف آدمی ہیں۔ دیر ہو جائے گی۔
[دھنی رام بائیں طرف کے دروازے میں کئی بار آتا جاتا ہے اور مٹھائیوں کی پلیٹیں لا لاکر میز پر رکھتا رہتا ہے۔ پرکاش حیران ہے اور چرونجی لال للچائی ہوئی نظروں سے مٹھائیوں کو تکتا ہے، لیکن پرکاش بار بار ٹھوکا مارتا ہے۔]
دھنی : (ہاتھ جوڑتے ہوئے) لیجئے پرکاش جی ــــ یہ آپ کا مونہہ میٹھا کرنے کے لئے تھوڑی سی مٹھائیاں حاضر ہیں ــــ کھا لیجئے۔
[چرونجی ہاتھ بڑھاتا ہے۔ لیکن پرکاش ہاتھ جھٹک دیتا ہے]
پرکاش : (حیرت) مگر دھنی رام جی، اس کی کیا ضرورت تھی ــــ یہ تو آپ نے بہت زیادہ مٹھائیاں رکھ دیں۔ میں تو ذرا......
دھنی : (جلدی سے) پہلے ناشتہ تو ہو جائے آپ شروع تو کریں۔ چرونجی لال تم بھی شروع کرو ــــ بات یہ ہے پرکاش جی کہ کیا نام ہے اسکا.....
پرکاش : (جلدی سے) چرونجی لال۔
دھنی : (پریشانی سے) نہیں نہیں۔ میرا مطلب ہے کہ کیا نام ہے اسکا.....
پرکاش : چرونجی لال ــــ بتا تو رہا ہوں۔
دھنی : اُفوہ! یہ بات نہیں۔ میرا مطلب ہے کہ کیا نام ہے اسکا.....

باپ : (فہمائشی لہجے میں) خاموش رہو دھنی رام - بولے ہی جاؤ گے یا انہیں کھانے بھی دو گے۔

دھنی : میں تو کچھ نہیں کہہ رہا جیجا جی ـــ کیا نام ہے اسکا.....

چرونجی : ہمارا نام چرونجی لال ہے جی پورب کے رہنے والے ہیں۔ (جلدی سے مونہہ میں لڈو ٹھونس لیتا ہے)

ماں : (دھنی کو گھور کر دیکھنے کے بعد پرکاش سے) تم کھاؤ بیٹا ـــ آخر کب تک ایسے ہی بیٹھے رہو گے؟ شروع کرو۔

پرکاش : (گھبرا رہا ہے) شروع کروں ـــ کیا شروع کروں۔؟

دھنی : (ہنس کر) اماں تم بہت بھولے ہو۔ بھائی مٹھائی کھانا شروع کرو۔ اعلیٰ درجے کی مٹھائیاں ہیں۔ یہ برفی ہے (ایک ٹکڑا کھا لیتا ہے) یہ لڈو۔ امرتی۔ رس گلّے۔ گلاب جامن اور یہ نمکین (کیا نام ہے اسکا، سموسے دال بیجی مگر سے اور یہ پھل ہیں۔ آخر یہ سب کھانے کے لئے ہی تو رکھے ہیں۔ تم ناحق تکلّف کر رہے ہو۔

ماں : ہاں بیٹا پرکاش۔ جلدی میں تو اور کچھ تو ہو نہیں سکا۔ تھوڑی سی مٹھائیاں ہیں۔ اگر تم نے ہاتھ روکا تو میرا دل ٹوٹ جائے گا۔

باپ : ارے بیٹا سوچ کیا رہے ہو ـــ دھنی رام تم سیب کاٹ کر دو۔

پرکاش : (حیران و پریشان سا ہے) جی نہیں رہ نو میں بھی کاٹ لوں گا۔ لیکن.....

[چرونجی بُری طرح ہاتھ مار رہا ہے۔ لڈو مونہہ میں ہے تو برفی ہاتھ میں]

دھنی : پھر وہی تکلّف! اماں کھاؤ بھی۔ دیکھو تمہارا اردلی تو شروع بھی ہو گیا اور تم کیا نام ہے اسکا۔ اگر مگر میں ہی پڑے ہو ـــ بھائی میں بھی ساتھ دیتا ہوں (لڈو مونہہ میں رکھتا ہے۔ ماں گھورتی ہے لیکن نظر انداز کر دیتا ہے)

کھاؤ ـــــ کھاؤ۔ (آواز صاف نہیں نکلتی)

باپ: لاجونتی کی ماں ـــــ میرا خیال ہے کہ بے بی کو بھی بلا لیں۔

پرکاش: (جلدی سے) ہاں ہاں کیوں نہیں۔ بچوں کو بھی بلا لیجئے۔

ماں: (ہنستی ہے) بچوں کو! نہیں بیٹا یہ لڑکی کی بات کر رہے ہیں ـــــ لاجونتی کی۔

پرکاش: (حیرت سے مونہہ کھول کر) لاجونتی!

ماں: ہاں بیٹا ـــــ سچ آج تو سج سجا کر بالکل چاند کا ٹکڑا لگ رہی ہے ـــــ میں ابھی لاتی ہوں۔ (بائیں طرف کے دروازے میں چلی جاتی ہے)

باپ: بیٹا پرکاش! تمہارے بارے میں بہت کچھ سن رکھا تھا کہ بہت بڑے آفیسر ہو اور ہمیشہ باوردی چپراسی تمہارے ساتھ رہتا ہے۔ میرا تو خیال تھا کہ تم بہت مغرور ہو گئے۔ لیکن سچ کہتا ہوں تمہاری سادگی کو دیکھ کر جی خوش ہو گیا۔ تمہاری یہی بات ہمیں پسند ہے۔

چرونجی: (بُری طرح کھا رہا ہے) اجی اپنے صاحب کا تو سچ پُچ کوئی جواب نہیں۔ پورے دفتر میں ان کی پوجا ہوتی ہے ـــــ وہ رس گلّے ذرا اس طرف بڑھا دیجئے گا۔ پوری پلیٹ ہی اٹھا دیجئے۔

(مونہہ بھرا ہونے کی وجہ سے آواز صاف نہیں نکلتی)

پرکاش: (ڈانٹ دیتا ہے) کیا بدتمیزی ہے چرونجی لال۔ کیا کر رہے ہو؟ ایسا لگتا ہے تم نے کبھی ناشتہ ہی نہیں کیا؟

دھنی: رہنے دو بیٹا سکیا ناہے اِسکا۔ مٹھائیاں کھانے کے لئے ہی ہوتی ہیں۔ (رس گلّا مونہہ میں رکھتا ہے۔ باپ گھور کر دیکھتا ہے)

چرونجی: (پرکاش سے) ہم تو سرکار یہ سوچ سوچ کر حیران ہوتے جا رہے ہیں کہ

یہ پہلا گھر ملا ہے جہاں اتنی خاطر ہو رہی ہے۔

باپ: خاطر کیوں نہیں ہوگی ـــ آخر پہلی بار آئے ہو۔

(چرونجی لال چند لڈو موںہہ میں اور چند جیب میں رکھ لیتا ہے)

چرونجی: (کھاتے ہوئے) اپنے سرکار تو پہلی بار آئے ہیں۔ پن ہم تو سرکار کئی بار آچکے ہیں۔

دھنی: اچھا ـــ کیا نام ہے اسکا....

چرونجی: چرونجی لال ہے ہمارا نام۔

دھنی: اُفوہ! میں نام نہیں پوچھا کرتا ـــ میں تو یہ پوچھ رہا ہوں کہ کیا نام ہے اسکا.....

چرونجی: (حیرت سے موںہہ کھول کر، موںہہ میں لڈو نظر آرہا ہے) چرونجی لال صاحب....

باپ: چھوڑو دھنی رام ـــ کیا چکر چلا دیا تم نے۔ (پرکاش) بیٹا تم بہت کم کھا رہے ہو ـــ یہ اِمرتی لو نا۔ برفی اور قلاقند بھی لو۔

پرکاش: جی لے رہا ہوں ـــ لیکن معاف کیجئے گا میں سمجھ نہیں سکا کہ آخر یہ سب ہو کیا رہا ہے۔

باپ: (ہنستا ہے) واقعی بہت بھولے ہو۔ خیر سب سمجھ جاؤ گے۔

دھنی: کیا نام ہے اسکا ـــ تم مذاق اچھا کر لیتے ہو پرکاش جی۔

باپ: (بائیں طرف دیکھ کر) اے لو وہ ہماری لاجونتی آگئی۔ (ہنستا ہے اور ٹھہر کر کہتا ہے) بہت شرمیلی ہے۔ آؤ بیٹی آؤ ـــ آجاؤ سب اپنے ہی ہیں۔

[بائیں طرف کے دروازے سے لاجونتی اندر آرہی ہے۔ ماں نے سہارا دے رکھا ہے۔ چلنے کا انداز دلہن جیسا ہے]

دھنی: (ہنستا ہے) شرمیلی کیوں نہ ہو۔ آخر کس کی بیٹی ہے۔ اور ـــ

(پرکاش حیرت سے لگاتار دیکھ رہا ہے) کس ماما کی بھانجی ہے۔!

باپ: آؤ بیٹی آؤ ــــ تمہارا ہی انتظار ہو رہا تھا۔

[دھنی رام آگے بڑھ کر لاجونتی کو شانوں سے سہارا دے کر پرکاش کے سامنے والے صوفے پر بٹھا دیتا ہے۔ لاجونتی بار بار دانتوں میں انگلی دے کر شرما رہی ہے۔

ماں: بیٹی شرماؤ نہیں ــــ اپنے ہاتھ سے پرکاش بیٹے کو مٹھائی دو۔

دھنی: ہاں بھئی اب شرمانے سے بھلا کیا فائدہ۔ اُٹھاؤ برفی کا ایک ٹکڑا اور ٹھونس دو کیا نام ہے اِسکا ــــ اِن کے مونہہ میں (ہنستا ہے)

پرکاش: (گھبرا کر ایک دم کھڑا ہو جاتا ہے) مگر ــــ مگر آپ اِن کے ہاتھ سے کیوں دلوا رہے ہیں ــــ میں خود لے لوں گا۔

چرونجی: دو ٹکڑے لینا سرکار ــــ ایک ہم لے لیں گے۔

(بے ڈھنگے پن سے ہنستا ہے۔ دھنی رام پرکاش کو بٹھا دیتا ہے)

پرکاش: (تھوک نگلتے ہوئے) بچوں کو دیجئے ــــ آپ نے بے بی کو کیک کے لئے کہا تھا نا۔

دھنی: ہماری لاجونتی کیا نام ہے اِسکا ــــ کیا بے بی نہیں ہے؟

پرکاش: (حیرت سے چیخ کر) جی ــــ یعنی یہ بے بی ــــ میں تو سمجھا تھا کہ ــــ (شرمندگی سے ہنستا ہے) لیں تو کچھ اور ہی سمجھا تھا۔

ماں: لے لو بیٹا۔ تم تو کچھ سوچ رہے ہو۔ لاجونتی ہاتھ آگے بڑھاؤ بیٹی۔

[لاجونتی کا ایک ہاتھ پرکاش کی طرف اُٹھا ہوا ہے جس میں برفی کا ٹکڑا ہے دوسرے ہاتھ سے وہ ساڑی کا پلو پکڑے ہوئے شرما رہی ہے۔ دھنی، ماں اور باپ پرکاش کو التجائی نظروں سے دیکھ رہے ہیں]

لاجونتی: لیجئے نا — کھائیے۔

پرکاش: (ہکلا جاتا ہے) جی لے لیتا ہوں۔ خود لے لیتا ہوں۔ (لاجونتی کے ہاتھ سے برفی لے لیتا ہے) مگر میری سمجھ نہیں آتا کہ آخر یہ سب کیا ہے۔ میں تو یہاں .....

دھنی: (جلدی سے) ہاں ہاں — میں سمجھ گیا یہاں کوئی نہیں ہے — خوب یاد دلایا تم نے بھی آئیں گے آئیں گے — ارے جیجا جی۔؟

باپ: (گھبرا کر) ہاں — کیا بات ہے؟

دھنی: وہ آج کے دن مہاراجہ ڈھیل مِل نگر آنا چاہ رہے تھے — کیا آپ نے کیا نام ہے اسکا — انہیں فون کر دیا؟

باپ: (حیرت سے مونہہ تاکتے ہوئے) ڈھیل مِل نگر؟

دھنی: (معنی خیز انداز میں کھنکارتا ہے) اجی وہی — کیا نام ہے اِسکا — ڈھیل مِل نگر کے راجہ چوپٹ رائے۔

باپ: (سمجھ کر گردن ہلاتا ہے) اچھا وہ — ہاں انہیں ابھی تھوڑی دیر پہلے ہی فون کیا تھا۔ آنے ہی والے ہوں گے۔

دھنی: اور وہ مہارانی جیتاپ نگر — انہیں بھی فون کر دیجئے کہ وہ ابھی تک کیوں نہیں آئیں۔ اتنا ضروری فنکشن اور دونوں بڑی ہستیاں غائب ہیں۔

(پرکاش کی نظر بچا کر باپ کو اشارے سے ٹیلی فون دکھاتا ہے)

باپ: ہاں یہ بات تو ہے — لیکن بھئی اتنے بڑے آدمی سے بات کرتے ہوئے مجھے گھبراہٹ ہوتی ہے — تم ہی کر دو۔

دھنی: جیسے آپ کی مرضی۔ (جلدی سے فون کی طرف بڑھتا ہے اور ریسیور اٹھا لیتا ہے) ابھی کرتا ہوں ٹیلی فون

پرکاش: (جلدی سے چرونجی کو دیکھتا ہے۔ پھر دھنی رام سے مخاطب ہوتا ہے۔)
مگر سنیئے تو۔ ٹیلی فون پر......

دھنی: اجی ایک نہیں کئی ٹیلی فون لگے ہوتے ہیں۔ نیچے الگ، اوپر الگ اور اس کمرے میں الگ ــ (ہنستا ہے)

چرونجی: (سموسہ مونہہ میں رکھتے ہوئے) یہ تو بڑی خوشی کی بات ہے۔ (پرکاش سے) کیوں سرکار۔ ہے کہ نہیں؟

پرکاش: (پریشانی سے) اب ــ اب میں کیا کہوں۔؟

دھنی: (نمبر گھماتے ہوئے) بڑے لوگوں کا نمبر بھی بہت دیر میں ملتا ہے۔ (پھر ڈائل گھماتا ہے۔ پرکاش حیرت سے دیکھ رہا ہے۔)

ماں: ایسے لوگوں کو گھر میں بلانا بھی ایک مصیبت ہے۔ مہارانی لاجونتی پر مہربان ہیں اس لئے بلانا ہی پڑ گیا۔

دھنی: (اونچی آواز) ہیلو ــ کیا نام ہے اسکا ــ راجہ صاحب بول رہے ہیں؟ ــ اچھا آپ ہی ہیں ــ جی یہ میں بول رہا ہوں ماما ــ

باپ: (آواز دبا کر غصے سے) ارے یہ ماما کیا ہوتا ہے ــ نام بتاؤ نام۔

دھنی: جی ہاں ــ کیا نام ہے اسکا۔ دھنی رام ــ جی ہاں جی ہاں۔ جی ہاں سب تیار بیٹھے ہیں۔ پرکاش جی بھی آ چکے ہیں ــ جی ہاں ــ یہ شبھ کام آپ کے ہاتھوں ہی سے ہوگا ــ کیا کہا ــ آ رہے ہیں۔ آئیے آئیے۔ (ریسیور رکھ دیتا ہے)

[دھنی رام کے فون کرنے کے درمیان ماں اور باپ بے قراری سے کبھی فون کو اور کبھی پرکاش کو دیکھتے رہتے ہیں۔ پرکاش اور چرونجی حیرت سے ایک دوسرے کو دیکھ رہے ہیں۔ چرونجی بدستور

کھانے میں مصروف ہے اور لاجونتی بار بار پرکاش کو دیکھ کر شرما کے بل کھا رہی ہے]

باپ: (جلدی سے) رانی صاحبہ کو بھی بلاؤ دھنی رام۔ وہ سوشل ورکر بھی ہیں ـــ ضرور آئیں گی۔

دھنی: (ہنس کر) ابھی لیجئے۔ (ڈائل گھماتا ہے) کیا نام ہے اِسکا ـــ اُنہیں بھی بلاتا ہوں۔ (وقفہ) ہیلو! ہیلو! ـــ آواز ہی نہیں آرہی!

پرکاش: مگر سوال یہ ہے کہ آپ اِن لوگوں کو کیوں بلوا رہے ہیں؟ کون سا شُبھ کام کرنا ہے اُنہیں؟

چرونجی: (امرتی توڑتے ہوئے) دیکھئے اب تو ہم آہی گئے ہیں۔ (ہنستا ہے) ہم ہی کرلیں گے۔

باپ: (ہنس کر) بھئی تم بھی خوب مذاق کرلیتے ہو چرونجی لال ـــ واہ وا۔

دھنی: (بلند آواز سے) رانی صاحب ـــ جی ہاں میں بول رہا ہوں ماما۔ (جلدی سے ہاتھ ملاکر) میرا مطلب ہے کیا نام ہے اِسکا ـــ دھنی رام۔ دھنی رام ـــ جی ہاں ـــ سمجھ گئی نا ـــ جی ہاں جی ہاں ـــ اجی کیا ہوگیا آپ آئی نہیں ابھی تک ـــ کیا کہا۔؟ نواب صاحب چمرخ پور آئے ہوئے ہیں۔؟

(باپ خوش ہوکر ماں کی طرف دیکھتا ہے اور ماں پرکاش کو محبت سے دیکھنے لگتی ہے)

اچھا اچھا کوئی بات نہیں۔ آجائیے کیا نام ہے اِسکا ـــ اُنہیں بھی ساتھ لے کر آجائیے۔ (رسیور رکھ کر اور خوش ہوکے) لو جیجا جی۔ ہندوستان کی تین بڑی ہستیاں آرہی ہیں ـــ واہ وا ـــ

یہ تو پرکاش جی کی قسمت ہے۔!

پرکاش: (پریشانی سے) ان لوگوں کے آنے سے میری قسمت کا کیا تعلق ہے۔۔۔

دھنی: (جلدی سے) بھیا ٹیلی فون کے ذریعے ہی بڑے لوگوں سے کیا نام ہے اسکا — ملاقات ہو جاتی ہے۔ ویسے تو یہ لوگ کبھی درشن دیتے ہی نہیں۔ (ہنستا ہے)

چرونجی: (متواتر کھاتے ہوئے) جی ہاں جی ہاں — یہ بات تو ہے۔ (پرکاش سے) سرکار آپ نہیں کھا رہے۔؟

دھنی: (بُرا سا مونہہ بنا کے) میرے خیال میں تو — کیا نام ہے اسکا — چرونجی لال جب تم سے بچے گا، تبھی پرکاش کھائیں گے۔

پرکاش: (بیزاری سے چرونجی کا ہاتھ روک کر) — کیا حرکت ہے۔ اب آرام سے بیٹھو۔ بہت کھا لیا تم نے۔

چرونجی: (جلدی جلدی نوالہ حلق سے اُتارتے ہوئے) معاف کرنا سرکار۔ (دھنی سے) ذرا ٹیلی فون تک (اُٹھنے لگتا ہے کہ دھنی رام بیٹھا دیتا ہے)

ماں: (محبت سے لاجونتی کا پلو ٹھیک کرتے ہوئے) لجّو بیٹی۔ ذرا پرکاش جی کو وہ گانا تو سناؤ — وہ جو تم ڈرامے میں گاتی تھیں۔

باپ: (صوفے پر بیٹھے بیٹھے لاجونتی کے قریب کھسک جاتا ہے) ہاں ہاں بیٹی۔ شرماؤ نہیں — سناؤ انہیں۔

دھنی: سناؤ لجّو — ان سے کیا شرمانا۔ یہ تو اب کیا نام ہے اِسکا۔ اپنے ہی ہیں۔ کیوں پرکاش جی۔ (ہنستا ہے)

پرکاش: (جلدی سے گھبرا کر) جی ہاں جی ہاں جی ہاں۔ لیکن میری سمجھ میں ایک بات نہیں آئی۔۔۔۔۔۔

دھنی : وہ بھی آجائے گی ـــــ گھبرایئے نہیں ۔ (لاجونتی سے) ہاں لاجو بیٹی۔
وہی گیت سنادو۔ (بھونڈی آواز میں گاتا ہے)

کاگا رے، اپنی چونچ نہ کھول۔ اڑنے کو پر تول رے کاگا۔ اپنی چونچ نہ کھول۔

باپ : (ڈانٹ کر) ارے بند کرو اپنی یہ بے وقت کی راگنی۔ (لاجونتی سے)
ہاں بیٹی سناؤ۔ شرماؤ نہیں۔ (لاجونتی شرما رہی ہے)

ماں : جب تک تم نہیں کہو گے پرکاش بیٹا ـــ یہ نہیں گائے گی۔ (ہنستی ہے)

پرکاش : (پریشانی سے پہلے چرونجی کو دیکھتا ہے جو مٹھائی جیب میں رکھنے میں مصروف ہے۔ پھر مجبوراً لاجونتی سے کہتا ہے) سنا دیجئے۔ سب یہی چاہتے ہیں تو یہی سہی۔

لاجونتی : (پلٹ کر مسکرا کر مونہہ پھاڑتی ہے) کاگا رے ـــــ رے
(بھونڈی آواز میں ایک دو بار بول گاتی ہے مگر پھر شرما جاتی ہے)۔

دھنی : (خوش ہو کر) آ ہا ہا ـــ دیکھا پرکاش جی ـــ یعنی بول تو کوے کے لئے ہیں لیکن کیا نام ہے۔ اسکا آواز کوئل جیسی ہے۔

پرکاش : (مری ہوئی آواز) جی ہاں جی ہاں۔

دھنی : اور تمہارا کیا خیال ہے چرونجی لال ؟

چرونجی : (پیٹ پر ہاتھ پھیر کر ڈکار لیتا ہے) ہم نے تو سرکار اتنی مٹھائی کھائی ہے کہ ہمیں تو اب گالی بھی میٹھی لگے گی ـــ یہ تو آواز ہے۔
(ہنستا ہے۔ سارے میں سوائے پرکاش کے سب ہنستے ہیں)

ماں : (لاجونتی سے) گاؤ بیٹی گاؤ ـــ رکو نہیں
(لاجونتی پھر گاتی ہے۔ ماں باپ اور دھنی جھومتے ہیں)

باپ : گاتی رہو بیٹی ـــــ بہت اچھا گا رہی ہو۔

رصنی : (ہنس کر) اجی جیسی سندر خود ہے ویسی ہی سندر۔ کیا نام ہے اسکا۔
اِس کی آواز ہے۔ کیوں پرکاش جی ؟

پرکاش : (بیزاری سے جماہی لیتے ہوئے) جی ہاں —— اچھی آواز ہے۔
(لاجونتی کچھ دیر کے لئے رک جاتی ہے)

رسنی : اور یہ دیکھئے کہ یعنی گانا بھی کتنا عمدہ ہے۔ کاگا سے کہا جارہا ہے کہ بھائی
کیا نام ہے اِسکا —— تُو اپنی چونچ نہ کھول۔ تُو کائیں کائیں کرے گا
تو مہمان آجائیں گے۔ اور دیکھئے کہ مہمان سچ مچ آگئے ہیں۔ (ہنستا ہے)
[پرکاش بھی مجبوراً بیزاری سے ہنستا ہے اور کلائی کی گھڑی کو دیکھتا ہے]

رصنی : دیکھو بیٹا —— کیا نام ہے اِسکا —— گھڑی گھڑی گھڑی نہ دیکھو ——
گھڑی پر یاد آگیا مجھے وہ گانا۔

ماں : کون سا گانا۔ ؟

رسنی : وہی دیدی جو —— کیا نام ہے اِسکا —— ہماری دادی (اماں گاتی تھیں۔
میرے دادا نے بنایا گھنٹہ گھر —— کیوں ؟

باپ : ہاں بچہ بیٹی۔ یہ گانا بہت اچھا ہے —— سناؤ پرکاش بیٹے کو سناؤ۔

پرکاش : لیکن جناب۔ مجھے یہ گانے کیوں سنائے جارہے ہیں۔
(پھر گھڑی دیکھتا ہے)

رصنی : اماں یار تو سننے میں تمہارا حرج بھی کیا ہے —— گانا سننا کوئی بری
بات تھوڑی ہی ہے —— ہاں بچو سناؤ۔ دیکھو میں سناتا ہوں۔
(بھونڈی آواز) میرے نانے بنایا گھنٹہ گھر —— اُسکی گھڑیاں دس پہ چلی تھیں
گھنٹہ بھر —— واہ واہ —— (ہنستے ہوئے) اب تم سناؤ۔

اماں : شرماؤ نہیں بیٹی —— یہاں سے ہی کون جس سے شرما رہی ہو۔ سب اپنے

ہی ہیں ـــ ہاں شاباش شروع ہو جاؤ۔

لاجونتی: (بول اٹھاتی ہے ـــ پھر ایکدم شرما جاتی ہے) ہائے، ہمیں شرم آتی ہے۔

دھنی: اونھوں! ـــ سب کئے کرائے پر کیا نام ہے اسکا ـــ پانی پھیر دیا۔ ارے بٹیا ذرا اونچی آواز ـــ اونچی آواز۔

[لاجونتی نہیں گاتی۔ پرکاش موبہہ بناتا ہے اور چرونجی پہلے ہی سے کانوں پر ہاتھ رکھ لیتا ہے]

دھنی: (چرونجی کی حرکت سے ناراض ہو جاتا ہے) اچھا اس کو چھوڑو ـــ وہ شروع کرو (گا کر) ـــ تا تھیا کر کے آنا او جادوگر مورے سیاں!

ماں: (ہنس کر) آنے کا کیا مطلب۔ سیاں تو آ ہی گئے ہیں بھیا۔

باپ: ارے تو اب گانے بھی تو دو نجو بٹیا کو۔ بیچ میں بول جاتی ہو۔

چرونجی: کیا فائدہ صاحب ـــ ہمارے صاحب تو گانا کوٹھے پر جا کر ہی سن لیا کرتے ہیں۔

باپ: (گھبرا کر) ہائیں ـــ کیا کہا ـــ کوٹھے پر؟

پرکاش: (پریشان ہو کر) جی نہیں۔ دراصل اسکا مطلب ہے کہ میں فرسٹ فلور پر رہتا ہوں نا ـــ وہاں ریڈیو سے گانے سنتا ہی رہتا ہوں۔

دھنی: اوہ ـــ تو چرونجی لال کیا نام ہے اسکا ـــ فرسٹ فلور کو کوٹھا کہہ رہے ہیں۔ بھئی واہ ـــ خوب!

دھنی: کیوں ـــ کیا گانے کے بول پسند نہیں آئے چرونجی لال جی؟

چرونجی: (برفی اٹھاتے ہوئے) بہت اچھے تھے جی ـــ سنتے ہی سب کچھ ہضم ہو گیا۔ (ہنستا ہے) اب تو ذرا جل جیرا ہو جائے۔

دھنی: اجی کیا نام ہے اِسکا ہماری لاجونتی کا تو ہر طرح جواب نہیں۔ گانے میں یہ ماہر سینے پرونے میں یہ تیز۔ پکانے میں اتنی ماہر مندکر لوگ اپنی کیا نام ہے اِسکا ۔۔۔ انگلیاں چاٹتے رہ جائیں۔ (ہنستا ہے)

چرونجی: (انگلیاں چاٹتے ہوئے) چاٹ رہا ہوں جی۔ بیں تو کھیر کھانے کے بعد انگلیاں چاٹ رہا ہوں۔ جواب نہیں ہے جی۔ وہ رس گلّے کی پلیٹ اور اٹھا دیجئے

دھنی: (انکسار سے ہنستا ہے) ارے صاحب میری بھانجی لاکھوں میں ایک ہے۔ آپ کا کیا خیال ہے پرکاش بابو۔

پرکاش: بالکل ٹھیک کہہ رہے آپ ۔۔۔ (اوپر سے نیچے تک لاجونتی کو دیکھتے ہوئے) جی ہاں، جواب نہیں ۔۔۔ ہر طرح سے جواب نہیں۔ بہت سُندر ہیں۔ آپ لوگ خوش قسمت ہیں کہ اتنی سُندر ہیں۔

باپ: (پریشانی سے دروازے کو دیکھتے ہوئے) راجہ صاحب نہیں آئے ابھی تک۔ اُنہیں تو آجانا چاہیئے تھا۔

ماں: (فکر مند نظر آتی ہے) اور رانی صاحبہ بھی نہیں آئیں۔ نہ جانے کیا بات ہے؟

دھنی: ڈیڈی فون تو دونوں کو کیا ہے۔ کیا نام ہے اِسکا ۔۔۔ آتے ہی ہوں گے۔ (کھڑکی سے جھانک کر دیکھتا ہے) بس آنے ہی والے ہیں۔

چرونجی: اُن کی تشریف آوری کیوں ہو رہی صاحب؟ یہ بات ہماری سمجھ میں نہیں آئی۔

دھنی: ارے بھئی چرونجی لال اُن کا آنا بیحد ضروری ہے۔ وہ اپنے ہاتھ سے کیا نام ہے اسکا خاندانی انگوٹھی پرکاش بابو کو پہنائیں گے۔

پرکاش: (گھبرا کر پہلو بدلتا ہے) مجھے ۔۔۔ مجھے کیوں پہنائیں گے ۔۔ میں نے کیا کیا ہے۔؟

دھنی: ابھی تو کیا نام ہے اِسکا کچھ نہیں کیا۔ لیکن بھائی کچھ دن بعد تو کروگے ہی کیا نام ہے اِسکا ـــــ شادی!

(پرکاش گھبراکر ایک دم کھڑا ہو جاتا ہے)

پرکاش: شش، شش ـــــ شادی ـــ (آواز حلق میں پھنس جاتی ہے)

چرونجی: (برفی کی پلیٹ اٹھاتے اٹھاتے رکھ دیتا ہے) کیا ـــ کیا کہا آپ نے۔ شش ـــــ شادی۔؟

دھنی: (پریشانی سے) ہاں ہاں بھئی ـــــ شادی، اور نہیں تو کیا؟

پرکاش: (گھبراکر ایک طرف کے دروازے کو دیکھتا ہے) مگر ـــــ مگر ـــــ میں کہتا ہوں کہ ـــــ میرا مطلب ہے کہ ـــــ

چرونجی: (معصومیت سے) اپنے صاحب تو شادی بنائے چکے ہیں سرکار۔

سب: (ایک آواز ہوکر) ـــ کیا کہا ـــ شادی ہو چکی ہے۔؟

[باپ، ماں اور دھنی رام بری طرح گھبرا جاتے ہیں ـــــ دھنی رام لیمن کی بوتل غٹ غٹ کرکے پی جاتا ہے۔ باپ سگرٹ کے کش پر کش لگانے لگتا ہے اور ماں، لاجونتی کا پلّو کھینچ کر گھونگٹ نکال دیتی ہے]

چرونجی: ہاں جی ـــ ہمارے صاحب کے تو دو بچے بھی ہیں۔ اِتنے اِتنے بڑے (ہاتھ سے اونچائی بتاتا ہے۔ لاجونتی ایکدم رو دیتی ہے)

دھنی: (بلند لہجہ) کیا کہا ـــــ یعنی کیا نام ہے اسکا، شادی بھی ہو چکی ہے اور دو بچے بھی ہیں۔ بھلا ایسا کس طرح ہو سکتا ہے۔؟

چرونجی: ہو کیا سکتا ہے جی ـــــ ہوئی گوا ہے ـــ بھگوان کی دین ہے۔

دھنی: (غصّہ سے چلّاتا ہے) تو تم ـــ کیا نام ہے اِسکا۔۔۔۔

چرونجی: (دونوں ہاتھ جوڑ کر) چرونجی لال صاحب۔

دھنی : (غصّے) نہیں — میں کہہ رہا ہوں کہ کیا نام ہے اسکا.....

چرونجی: (اُسی انداز سے) اِن کا — اِن کا پرکاش بابو ہے نام۔

دھنی: (پیر پٹخ کر) بیوقوف۔ گدھے — جھوٹے، دغاباز — یہ ناٹک تم نے کِس طرح رچایا — بولو ؟ (لاجونتی اور زور سے روتی ہے)

پرکاش: (خود بھی کھڑا ہوجاتا ہے اور غصّے سے کہتا ہے) ناٹک — ناٹک، میں رچا رہا ہوں یا آپ ؟ حد ہوگئی ؟ میں تو خود حیران ہوں۔

باپ: (غصّے سے) لاجونتی کی ماں — تم اِسے اندر کمرے میں لے جاؤ۔ یہ بہت زیادہ رو رہی ہے۔

ماں: (خود بھی رونے لگتی ہے) اب تو زندگی بھر روئے گی۔ کیسے پاپیوں سے واسطہ پڑا ہے — چلو بیٹی اندر چلو۔

[لاجونتی روتی ہوئی بار بار ماں کے شانے سے سر ٹکا کر بائیں طرف والے دروازے میں جاتی ہے ماں اُسے کمرے کے اندر کر کے پھر واپس آجاتی ہے]

دھنی: (ہاتھ نچا کر) ہاں جی — تو کیا نام ہے اِسکا، تمہارے خیال میں ناٹک ہم رچا رہے ہیں۔ ؟

پرکاش: (غصّے سے) تو پھر اور کون رچا رہا ہے۔ ؟ آپ نے خواہ مخواہ ہمارا وقت ضائع کیا۔ بڑی دیر سے دماغ کھا رہے ہیں۔

چرونجی: سمجھ میں نہیں آتا کہ یہ کیا گڑبڑ گھٹالا ہے — آپکے ہاں لوگوں کو مٹھائی کھلا کر کیا ایسی ہی کڑوی کسیلی باتیں کی جاتی ہیں۔ ؟

باپ: (غصّے سے) تم چپ رہو جی۔ (وقفہ جس میں پیچھے ہاتھ باندھ کر ٹہلتا جاتا ہے) آنے دو راجہ اور رانی کو — پھر بتاؤں گا۔

چرونجی: (بے فکری سے) آنے دیجئے۔ ہم کہیں بھاگے تھوڑے ہی جا رہے ہیں۔

ماں : (غصے سے چلا کر) بھاگو گے بھی تو میں جانے تھوڑے ہی دوں گی۔ ابھی
پتہ چل جائے گا ــــ دھنی! تم فوراً تھانے میں فون کردو۔
(دھنی فون کی طرف جانے لگتا ہے)
پرکاش : (نرمی سے) دیکھئے! میری سمجھ میں خود نہیں آتا کہ یہ کیا چکر ہے۔ فون آپ کسی کو بھی کریں۔ مگر اس سے ہوگا کچھ نہیں۔ کیوں چرونجی۔؟
چرونجی : ہاں جی ــ بالکل ٹھیک ہے جی۔ کچھ بھی نہیں ہوگا۔
باپ : (اسی طرح ٹہل رہا ہے۔ ٹہلتے ٹہلتے رک کر) بھئی واہ! چوری اور سینہ زوری۔ دھنی رام تم فون کردو جی تھانے میں۔ دیر کیوں لگا رہے ہو۔؟
دھنی : ابھی کرتا ہوں۔ (فون کی طرف جاتے جاتے رک جاتا ہے اور ڈری ہوئی آواز میں کہتا ہے) مگر چیچا جی ــــ وہ ــــ کیا نام ہے اسکا ــــ وہ۔ فون تو ــــ میرا مطلب ہے کہ .....
پرکاش : مطلب یہی ہے کہ فون خراب ہے ــ کیوں؟
دھنی : (ڈری ہوئی آواز میں) ہاں وہ تو ہے ــــ مگر تمہیں اس سے کیا۔ تمہیں تو میں ضرور پکڑوادوں گا ــ کیا نام ہے اسکا، ایک تو شادی شدہ آدمی اور پھر دوسری شادی رچانے کے لئے چلا آرہا ہے ــــ یہ اچھی رہی۔
ماں : (برا سا مونہہ بنا کر) ہئے ہئے ــــ شرم نہیں آتی۔ ہماری سب مٹھائیاں تم اور تمہارا چپراسی کھا گئے۔ کیا کل جگ آگیا ہے۔؟
دھنی : بے فکر رہو دیدی۔ کیا نام ہے اسکا سب اگلوا لوں گا ــ ایک ایک چیز اگلوا لوں گا۔ (چرونجی کو گھونسا دکھاتا ہے)
چرونجی : (پیٹ پر ہاتھ پھیر کے) اب تو صاحب سب ہضم ہوگئی گوا۔ اچھی مٹھائی

نہیں تھی صاحب۔ اپنا تو معدہ بھی چوپٹ ہوئی گوا۔ آپ بولیں تو حلق میں ہاتھ ڈال کر سب نکال دوں ؟

دھنی : (ہاتھ نچاکر) سب مسخراپن نکل جائے گا بیٹا۔ جب پولیس آئے گی ـــ ہاں۔ تب پتہ چلے گا اِس مذاق کا ـــ سمجھے۔ ؟

پرکاش : (اطمینان سے سگریٹ نکال کر سُلگاتا ہے) آپ لوگ مجھے بند کرانا چاہتے ہیں نا۔ ؟

ماں : ہاں ہاں کرانا چاہتے ہیں، اور ضرور کرائیں گے ـــ تم سے زیادہ چالاک آدمی میں نے آج تک نہیں دیکھا۔ (منہ بناکے) ہماری ساری مٹھائی کھا گئے۔

[چرونجی لال یہ سُن کر اپنے پیٹ پر ہاتھ پھیر کر مسکراتا ہے]

پرکاش : (بیٹھ جاتا ہے) بس تو پھر فون کر کے پولیس کو بلا لیجئے۔ جلدی آجائے گی۔ تھانہ بھی پاس ہی ہے۔

باپ : (غصے سے) اُس نے کہہ تو دیا کہ فون خراب ہے۔ کیا سنائی نہیں دیتا۔؟

چرونجی : (ہنس کر) تو اُن راتی اور راجہ صاحب کو بلا لیجئے۔ ہو سکتا ہے کہ وہ آکر فون ٹھیک کر دیں۔ (آنکھیں نچا کر پرکاش کو دیکھتا ہے)

ماں : وہ کیا کریں گے۔ ایک ہفتے سے تو فون خراب ہے۔ ٹھیک کیسے ہو سکتا ہے۔؟

پرکاش : (ہنس کر) لیکن ہم تو آگئے ہیں ماں جی۔ ہم فون ہی تو ٹھیک کرنے آئے ہیں۔

[سب حیرت سے آنکھیں پھاڑ کر پرکاش کو دیکھتے ہیں]

دھنی : (تعجب سے) کیا ـــ یعنی ـــ یعنی کیا نام ہے اِسکا....

چرونجی : پرکاش سکینہ ـــ!

دھنی : نہیں ـــ میرا مطلب ہے کہ.....

پرکاش: ہم ٹیلی فون ڈیپارٹمنٹ سے آئے ہیں شرمیان جی. میں سپروائزر ہوں پرکاش سکسینہ اور چرونجی لال لائن مین ہے. (ہنستا ہے)

چرونجی: آپ کا فون ایک ہفتے سے خراب ہے صاحب. ہم ابھی ٹھیک کئے دیتے ہیں. (فون کی طرف بڑھتے بڑھتے رک جاتا ہے). مگر فون خراب کہاں ہے. آپ نے راجہ رانی سے بات جو کی تھی کچھ دیر پہلے.

باپ: (شرمندگی سے) ارے بھئی وہ تو ــــ یونہی ڈینگ ماردی تھی ــــ تم جانو ایسے بر دکھوے کے موقع پر لڑکی والوں کو ایسے سوانگ تو بھرنے ہی پڑتے ہیں.

[شرمندگی سے ہنستا ہے اور چرونجی لال آگے بڑھ کر فون کو دیکھنے لگتا ہے]

دھنی: بھئی یہ تو خوب رہی. بہت بڑی بھول ہو گئی ــــ مگر مسٹر پرکاش سکسینہ کیا نام ہے اِسکا ــــ آپ نے پہلے کیوں نہیں بتایا. ؟

پرکاش: (ہنس کر) آپ لوگوں نے بولنے کا موقع ہی کب دیا. میں نے کئی بار بتانا چاہا مگر دھنی رام جی کب کسی کی سنتے ہیں.

دھنی: خیر جی وہ تو کیا نام ہے اِسکا غلطی ہو ہی گئی ــــ مگر پھر ــــ پھر وہ ہمارے اصلی پرکاش چندر کہاں رہ گئے ؟

ماں: تم بھی نرے بدھو ہو دھنی ــــ انھوں نے تو گیارہ بجے آنے کو کہا تھا. اور تم نے دس بجے ہی یہ ہنگامہ کھڑا کر دیا. ؟

دھنی: ہاں دیدی کچھ گڑبڑ ہو ہی گئی ــــ (خود سے) میں بھی عجیب چیز ہوں.

(باپ گھور رہا ہے. دھنی جلدی سے رخ موڑ لیتا ہے)

پرکاش: (ہنس کر) بُرا نہ مانیں تو ایک بات کہوں.

دھنی: کہئے کہئے. ؟

پرکاش: موقع ملے تو کبھی چڑیا گھر ہو آئیے۔

دھنی: (حیرت سے مونہہ کھول کر) کیوں ——؟

پرکاش: جانور آپ کو دیکھ کر بہت خوش ہوں گے۔

[ماں باپ اور پرکاش ہنستے ہیں۔ دھنی مونہہ بناکر پھر رُخ پھیر لیتا ہے]

چرونجی: (ریسیور رکھنے کے بعد اپنا بیگ اُٹھاتا ہے) فون ٹھیک ہو گیا صاحب، کسے بُلانا ہے —— راجہ صاحب کو یا رانی صاحبہ کو؟

باپ: (شرمندگی سے ہنستا ہے) ارے بھئی چھوڑو —— خواہ مخواہ کا مذاق بن گیا صبح ہی صبح۔

پرکاش: (صوفے سے اٹھ کر) تو ہم چلیں —— (دھنی رام کی طرف دیکھ کر) کیوں دھنی رام جی —— کیا نام ہے اِسکا —— ہم چلیں؟

دھنی: (مونہہ بنا کے ناراضگی سے) تو اور کون سا آپ یہیں دھرنا دیئے رہیں گے؟ جائیے جائیے —— راستہ ناپیئے۔

چرونجی: کھیر کا جواب نہیں تھا جی۔ بہت اچھی کھیر تھی —— اگر فون پھر خراب ہو جائے تو ہم ہی دونوں آئیں گے —— (پرکاش سے) کیوں صاحب؟

پرکاش: (ہنس کر) اِس کو ایسا گھر کہاں ملے گا۔ جہاں فون کرنے سے پہلے مٹھائی کھانے کو ملے۔

دھنی: (ناراضی سے) مٹھائی تو یار تمہارا یہ موٹا بھینسا —— کیا نام ہے اِسکا......

چرونجی: (ہاتھ جوڑ کے) جی چرونجی لال۔

دھنی: افوہ! میرا مطلب یہ نہیں ہے۔ میں تو یہ کہنا چاہتا ہوں کیا نام ہے اِسکا..

چرونجی: اِن کا ——— پرکاش بابو سپروائزر۔

دھنی: ارے میں یہ نہیں کہہ رہا ——— میں تو یہ کہہ رہا ہوں کہ کیا نام ہے اسکا......

پرکاش: (دائیں طرف کے دروازے کی طرف بڑھتے ہوئے) اب آپ نام یاد کرتے رہیئے دھنی رام جی ——— ہم تو چلتے ہیں نمستے!

[ماں اور باپ دونوں دھنی رام کی جھنجھلاہٹ دیکھ کر ہنسنے لگتے ہیں۔ دھنی رام غصے سے دروازے کی طرف گھونسا دکھاتا ہے اور چرونجی لال اور پرکاش ہنستے ہوئے دروازے سے باہر چلے جاتے ہیں]

[فیڈ آؤٹ]

سانپ! سانپ!!

کردار: دادی ماں: (ذرا چڑچڑی) ۔ دادا جی (مزاحیہ طبیعت): انیل (دونوں کا لڑکا) ۔ بہو (انیل کی بیوی) ۔ نیلما، (انیل کی جوان لڑکی)، اشوک (انیل کا چھوٹا لڑکا)، کرونا (انیل کی چھوٹی لڑکی) ۔ حکیم صاحب ۔ (دادا کے دوست)
بدلو: (نوکر)، کانتا (نوکرانی)

دادا: (پکار کر) ارے ابھی بہو، یہ ہماری دھرم پتنی، یعنی ہوم منسٹر نہیں آئیں ابھی تک؟

بہو: (ہنس کر) آتی ہی ہوں گی پتا جی۔ پوجا پاٹ میں دیر ہو ہی جاتی ہے ماتا جی کو۔

دادا: اچھا اچھا —— ٹھیک ہے۔

بہو : (ہنستے ہوئے) چھیڑیئے گا نہیں انہیں ورنہ ان کا غصہ پورے دن مجھی پر اترتا رہے گا۔

دادا : جانتا ہوں۔ اپنی ہنٹر والی کو تم سے زیادہ جانتا ہوں ۔ (ہلکی آواز میں) ہنسو مت، وہ آگئیں۔

دادی : (دور سے قریب آتے ہوئے) کیا بات ہے تم ہنس کیوں رہی ہو؟۔

دادا : آج کی تازہ خبر یہ ہے بہو کہ ہنسنے پر پابندی لگ گئی ہے اور سرکار سوچ رہی ہے......

دادی : (غصہ) صبح ہی صبح ہنگامہ مت کھڑا کرو۔ اخبار پڑھو چپ چاپ۔

دادا : (دستی ان سنی کر کے) انیل کہاں ہے بہو۔ کیا اس کے لیے صبح نہیں ہوئی ابھی تک۔

بہو : جی آرہے ہیں۔

دادا : نہ جانے آجکل کے لڑکوں کو کیا ہو گیا ہے۔ ان کا بس چلے تو پلنگ کو کمر سے باندھ کر ہی پھرا کریں۔ ہونہہ! جب ہم جوان تھے تو صبح تین بجے ہی اُٹھ جاتے ہیں۔

دادی : (غصہ) مونہہ مت کھلواؤ میرا ۔ تین بجے اٹھتے تھے یا تین بجے گھر میں گھستے تھے۔ جو شخص رات بھر سوئے گا ہی نہیں۔ وہ تو صبح کو اٹھا ہوا ہی ملے گا۔

انیل: (دور سے مائیک کے قریب آتے ہوئے) معاف کرنا ماں ۔۔۔ آج ذرا لیٹ ہو گیا۔

دادا : لیٹ ہو گئے یا لیٹ گئے تھے۔!

انیل : نہیں پتا جی ۔۔۔ وہ (بات پلٹ کر) ناشتہ شروع کرو ماں۔ چلو بچو!

شروع ہو جائے۔

دادا : (جلدی سے) ہاں ہاں بھئی ناشتہ ٹھنڈا ہو رہا ہے — چلیے مہارانی جی۔ آپ بھی ٹوسٹ اٹھا لیجیے۔

دادی: (غصہ) پھر تم نے مجھے چھیڑا۔ شرم نہیں آتی۔ پوتے پوتی والے ہو گئے اور چونچلوں سے باز نہیں آتے!

دادا : تو اِس سے کیا فرق پڑ گیا۔ میں ابھی تک وہی کشن لال ہوں جو آج سے ۴۵ برس پہلے تمہیں بیاہ کر لایا تھا — ہائے ہائے کیا دن تھے وہ۔ یاد کر کے سینے پر سانپ لوٹ جاتا ہے۔

دادی: (بڑا مان کر) تم مجھے بیٹھنے دو گے یا میں جاؤں؟

دادا : ارے رے بیٹھو بیٹھو۔ اُٹھک بیٹھک سے تمہارا سانس پھول جاتا ہے۔

حکیم : (مائیک سے دُور بلند آواز لیے) انیل — ارے بھئی انیل — تمہارا بڈھا کھوسٹ باپ ہے اندر کہ نہیں؟

اشوک: (ایکدم) آہا — حکیم دادا آ گئے حکیم دادا آ گئے۔

کرونا: (تالی بجا کر) حکیم دادا آ گئے۔ اب ہم کہانی سُنیں گے۔

دادا : (بلند آواز) آ جا بھئی آ جا نیم حکیم خطرۂ جان آ جا — وہاں کھڑا ہوا کیوں چلاّ رہا ہے بھائی۔؟

کرونا: حکیم دادا نمستے — حکیم دادا نمستے۔

اشوک: آداب دادا — آداب۔

حکیم : (دور سے مائیک کے قریب آتے ہوئے)۔ جیتے رہو۔ جیتے رہو بیٹا۔

بہو : آداب حکیم ابا۔ آداب!

حکیم : جیتی رہو بیٹی۔ اللہ تمہیں خوش رکھے۔ سہاگ بنا رہے، اللہ چاند سا

بیٹا دے — (دادی سے) آداب بھابی۔ مزاج تو اچھے ہیں۔!

دادا : چھبڑ تامت۔ اِس وقت بھری بیٹھی ہیں۔

حکیم : یار کشن یہ بہت بڑی عادت ہے، ہمیشہ بھابی کو تنگ کرتے ہو۔

انیل : ہاں حکیم چاچا — میں بھی یہی کہنے والا تھا۔

دادی : (ڈانٹ کر) تو چپ رہ انیل، میری وکالت مت کیا کر۔ (حکیم سے) اور بھیا میں تمہیں بھی اچھی طرح جانتی ہوں۔ جب تم آجاتے ہو تو یہ اور شیر ہو جاتے ہیں۔

دادا : حالانکہ میں بیچارہ تو بالکل بھیگی بلّی بنا بیٹھا رہتا ہوں۔

حکیم : نہیں بھابی آپ ٹھیک کہتی ہیں۔ یہ کشن ہی بہت تیز ہو گیا ہے۔ ارے بھئی انیل کی بہو۔؟

بہو : جی۔ حکیم ابّا؟

حکیم : وہ ہماری نیلما بیٹی دکھائی نہیں دی — کہاں ہے؟

انیل : حکیم چاچا اُسے صبح سات بجے جانا ہوتا ہے نا — کلاس لینی پڑتی ہے۔ پہلا پریڈ اُسی کا ہونا ہے۔ پھر وہ کالج چلی جاتی ہے۔ ایم اے کا آخری سال ہے۔

حکیم : اچھا اچھا — خدا اُسے کامیاب کرے۔ (دادا سے) یار کشن بہت دن ہو گئے تھے تم سے ملے ہوئے۔ صبح ہی صبح ناشتے کے وقت آ گیا۔ کچھ بُرا تو نہیں کیا نا؟

دادا : بُرا کیا ہے اِس میں۔ اماں یار تمہارا ہی گھر ہے۔ روز آیا جایا کرو۔ ویسے یہ خیال بھی ضرور رکھنا کہ راشن کا زمانہ ہے۔ (ہنستا ہے)

دادی : (تحکمانہ لہجہ) اب سب ہنستے ہی رہیں گے کیا۔ (حکیم سے) لو حکیم بھیا

یہ بٹر ٹوسٹ لو۔

دادا : شکر ہے تم نے بیچارے کی خیر گیری تو کی — اب ذرا ایک دو ٹوسٹ ہمیں بھی دے دو، بڑی عنایت ہوگی۔

دادی: (غصے میں) دیکھو الٹی سیدھی باتیں نہ کرو۔ میں چپ ہو جاؤں گی تو پھر بُرا لگے گا۔

دادا : حالانکہ حقیقت یہ ہے کہ جب تم خاموش رہتی ہو تو زیادہ اچھی لگتی ہو کیوں یار حکیم۔؟

حکیم : (گھبرا کر) بھائی کیوں مجھے باتیں سنوانے کی فکر میں لگا ہوا ہے!

دادا : یار ٹھیک کہہ رہا ہوں۔ سنو ایک بار کیا ہوا۔ میں انہیں ہردوار لے جا رہا تھا۔ میں نے انہیں زنانہ ڈبے میں بٹھا دیا۔ اُسی ڈبے میں ایک اخبار کی رپورٹر لڑکی بھی تھی۔ تمہاری بھابی فرنٹیئر میل کی اسپیڈ سے بولے جا رہی تھیں۔ جانتے ہو کہ اُس لڑکی نے اپنے اخبار میں زنانہ ڈبے کی تعریف کرتے ہوئے کیا لکھا تھا؟

حکیم : (گھبرا کر) کیا لکھا تھا؟

دادا : اُس نے لکھا تھا کہ زنانہ ڈبہ وہ ڈبہ ہوتا ہے جو ریل کے انجن سے زیادہ شور کرتا ہے۔ (ہنستا ہے)

دادی: (ناراضگی) دیکھا دیکھا — سچ کہتی ہوں اُٹھ کر چلی جاؤں گی۔ ہاں۔

حکیم : (جلدی سے انہیں) بھابی بیٹھئے — یہ کشن تو نرا بیوقوف ہے — (گھبرا کر) ارے — یہ ربڑی کالی کیوں ہو رہی ہے۔؟

انیل : کالی تو نہیں ہے چاچا — کچھ مکھیاں بیٹھ گئی ہیں آ کر۔

حکیم : (گھبرا کر) مکھیاں! — ارے میاں اُڑاؤ انہیں — یہ تو بہت

غلیظ جانور ہے ـــ سانپ کے زہر کا علاج تو ہے۔ مگر مکھی کے جراثیم کا علاج بہت مشکل ہے ـــ سمجھے؟

انیل: حکیم چاچا پا، آپ کے مطب میں بھی تو بہت سے سانپ ہوں گے۔!

حکیم: نہیں میاں، سانپ تو نہیں البتہ اُن کا زہر ضرور موجود ہے۔

دادا: اور انیل بیٹے۔ ان زہروں میں اِس احمق نے اپنا زہر بھی نکال کر رکھ چھوڑا ہے۔ (حکیم گھور کر دیکھتا ہے)

اشوک: وہ سانپ آپ نے خود پکڑے تھے۔ حکیم دادا؟

حکیم: ہاں بیٹا۔ ہم نے خود ہی پکڑے ہیں۔ بلکہ ... کشن لال نام کے ایک سانپ کو تو ہم نے آستین میں بھی پال رکھا ہے۔ (ہنسی)

دادا: (ہنس کر) یار بہت تیز ہے۔ ہاتھ کے ہاتھ جواب لوٹا دیا۔ (سب ہنستے ہیں)

انیل: کچھ بتایئے نا چاچا۔ آپ نے سانپ کس طرح پکڑے تھے۔؟

دادا: ارے بھئی مداری ہے مداری ـــ کام ہی یہی ہے۔ وہنستا ہے۔ سب ہنستے ہیں)

کرونا: سنایئے نا حکیم دادا۔ سانپ پکڑنے کی کہانی سُنایئے۔ (اشوک بھی ضد کرتا ہے)

حکیم: اچھا اچھا۔ سناتا ہوں سناتا ہوں۔

بہو: (بیزاری سے) لیکن کھاتے وقت ایسی چیز کا قصّہ! ـــ یہ کیا اچھا لگے گا حکیم ابا۔؟

حکیم: اچھا لگے یا بُرا ـــ بچّوں کو تو سنانا ہی پڑے گا۔ (بچے پھر ضد کرتے ہیں) اچھا سناتا ہوں ـــ لو سنو ـــ بات یہ ہے کہ کوئی سات آٹھ

سال اُدھر کی بات ہے کہ میں لالہ بدری پرشاد اگروال کے لڑکے کی شادی میں نجیب آباد گیا تھا۔ شادی تو ہو لی رہی مگر ہم سب یونہی گھومنے پھرنے جنگل میں نکل گئے۔ میں شکاری تو ہوں نہیں لیکن اُس وقت جی چاہا کہ کسی کا شکار کروں۔

دادا: شکار — (ہنستا ہے) یہ مچھر جیسا جسم اور شکار — (پھر ہنستا ہے)

حکیم: (ناراضی سے) بھئی میں نہیں سناتا قصہ وصہ۔

انیل: کیوں — کیوں چاچا۔؟

حکیم: یار بیچ میں تمہارا یہ باپ الٹی سیدھی بکواس شروع کر دیتا ہے۔

انیل: (ہنستا ہے) پتاجی — پلیز! خاموش رہئے اور قصہ سننے دیجئے۔

اشوک: ہاں دادا جی — آپ خاموش رہئے نا۔

کرونا: (روٹھی ہوکر) سننے دیجئے دادا جی شکار کا قصہ۔

دادا: سناؤ بھئی سناؤ۔ اپنی بکواس جاری رکھو۔

حکیم: تو بھئی ایسا ہوا کہ مجھے ایک جگہ جھاڑیاں ہلتی ہوئی دکھائی دیں۔ میں تھوڑا سا آگے بڑھا — اب جو غور سے دیکھتا ہوں تو سو گز لمبا ایک سانپ منہ پھاڑے ہوئے میری طرف چلا آرہا ہے!

بھٹو: (گھبرا کر) ہئے رام! سو گز لمبا سانپ!

دادا: (سکون سے) بیان جاری رہے۔

حکیم: (جوش میں) میں نے آگے بڑھ کر پینترا بدلا اور فوراً اُس کا مونہہ پکڑ لیا اور بند کر دیا۔

دادا: کاش کوئی اِس شخص کا بھی مونہہ بند کر دیتا۔

حکیم: (غصہ) مونہہ بند کرنے کی بات نہیں ہے۔ سانپ پکڑنا کوئی ہنسی مذاق نہیں ہے۔

دادا: درست فرمایا۔ سو سال سے ہے پیشہ آبا پکڑنا سانپ! (ہنستا ہے)
بھو: سننے دیجئے ناپتاجی۔ (ہنستی ہے) بچے بھی شوق سے سُن رہے ہیں۔
حکیم: (غصہ) بیٹی سمجھ میں نہیں آتا کہ اس مسخرے سے تمہارا نباہ کیسے ہوتا ہے۔
کیوں بھابی آپ ہی بتائیے۔؟
دادی: میں تم دونوں کی احمقانہ باتوں میں دخل نہیں دیتی۔
حکیم: واقعی بھابی، اس احمق کو بھلا کیا معلوم کہ سانپ کتنے لمبے اور زہریلے ہوتے ہیں۔
اشوک: پھر کیا ہو حکیم دادا ــــ سنائیے نا۔
کرونا: مطلب یہ ہے کہ آپ نے سانپ کو پکڑ لیا ــــ پھر؟
حکیم: (غصہ) بچو! کیا سناؤں۔ تمہارے گدھے دادا نے سب موڈ آف کر دیا۔ بس سمجھ لو کہ میں نے سانپ کو پکڑ لیا اور آؤ دیکھا نہ تاؤ، اُسے لکڑی کی طرح توڑ کر پھینک دیا ــــ آسان بات نہیں ہے کشن لال، پتہ پانی ہو جاتا ہے۔ ہم جیسا بہادر چاہیئے سو گز لمبا سانپ پکڑنے کے لیئے ــــ ہاں!
کانتا: (دُور سے مائیک کی طرف خوفزدہ آواز میں چیختی ہوئی آتی ہے) سانپ! سانپ ــــ ہائے مرگئی مالک ــــ سانپ!
حکیم: (خوف، گھبراہٹ) کیسا سانپ! کہاں کا سانپ ــــ کیا سچ مچ کا سانپ!
کانتا: (وہی خوف) ہاں سرکار ــــ سانپ، بہت بڑا کالا سانپ!
[مختلف آوازیں۔ ہڑبونگ۔ سب اپنے طور پر سانپ سانپ چیختے ہیں۔
بھو، دادی۔ انیل سب چلّاتے ہیں]
انیل: اری چیخ کیوں رہی ہے۔ میں پوچھتا ہوں کدھر ہے سانپ؟
کانتا: (گھبراہٹ، پریشانی۔ سانس پھول رہا ہے) چھوٹے مالک بہت بڑا سانپ ہے۔ پورے دو گز لمبا ہے۔ ہے بھگوان اب کیا ہوگا؟

دادا: (بلند آواز) شکر ہے — سانپ سو گز سے گھٹ کر دو گز پر تو آیا۔ (ہنستا ہے)

حکیم: (خوف، آواز میں لرزش) کیوں ہنس رہا ہے یار کشن لال — ہنسی مذاق نہیں ہے سانپ کا گھر میں آ جانا۔

دادی: (غصے) انہیں تو ہر وقت مذاق ہی سوجھتا ہے۔ (کانتا سے) اری مردار کہاں ہے سانپ، کدھر ہے۔؟

کانتا: (خوف) مجھے تو کپکپی لگی ہوئی ہے مالکن — ہے بھگوان اب کیا کروں پورے تین گز لمبا ہے۔؟

حکیم: (خوفزدہ آواز) ارے بھئی وہ کدھر بھی ہو۔ مگر کوئی اللہ کا بندہ یہ تو بتا دے کہ وہ اِدھر تو نہیں آ رہا؟

کانتا: (ڈر۔ خوف) نہیں سرکار وہ اِدھر نہیں آ رہا — مگر سچ کہتی ہوں بالکل کالا ہے، پورے تین گز لمبا!

حکیم: (گھبرا کر) ہائیں — یعنی کالا ناگ! بخدا وہ تو بہت زہریلا ہوتا ہے!

بھو: اری کانتا! — کس جگہ ہے کہاں ہے۔ مونہہ سے کچھ پھوٹتی کیوں نہیں۔؟

کانتا: وہ تو — وہ تو نیلما دیدی کے کمرے میں ہے مالکن — ہے بھگوان اب کیا ہو گا۔؟

دادی: (خوف سے گھبرا کر) ہائے میں مر گئی — ارے میری بچی — کوئی جلدی سے جا کر تو دیکھو۔

دادا: گھبرانے کی بات نہیں ہے۔ نیلما کالج گئی ہوئی ہے۔ اپنے کمرے میں نہیں ہے۔

بھو: (پریشانی) لیکن پتا جی۔ سانپ اسی کے کمرے میں تو ہے۔ اب دیکھیے نکلے گا؟

حکیم: (اطمینان سے) میں تو کرسی پر اکڑوں بیٹھ گیا تھا۔ شکر ہے کہ وہ کمرے ہی میں ہے اِدھر نہیں آ رہا۔ اب آرام سے پیر لٹکا کر بیٹھ سکتا ہوں۔

دادا: لیکن کمرے کا دروازہ تو کھلا ہی ہوا ہے۔ وہ ادھر بھی آسکتا ہے۔ حکیم خطرۂ جان — (ہنستا ہے)

اشوک: میں ذرا دیکھ کر آؤں دادی اماں۔

کرونا: میں نے بھی آج تک سانپ نہیں دیکھا۔ میں بھی دیکھتی ہوں۔

دادی: خبردار جو تم دونوں میں سے کوئی اُدھر گیا۔ بہو پکڑ کر رکھو ان کو۔

کانتا: (کپکپاتی آواز) ہے بھگوان اب کیا ہوگا۔ پورے تین گز لمبا ہے!

دادی: اری خاموش رہ۔ یہی کہے جاتی ہے کہ اب کیا ہوگا اب کیا ہوگا۔ میری بچی کو اگر ڈس لیا تو میں پھر کیا کروں گی۔؟

دادا: تم کچھ زیادہ ہی عقلمند ہو گئی ہو۔ ارے جب نیلما کالج گئی ہوئی ہے تو اُسے سانپ کیسے ڈس سکتا ہے!

دادی: ہاں یہ تو ہے — مگر — مگر.....

دادا: (ہنس کر) اپنے حکیم یار کا سو گز لمبا والا سانپ ہوتا تو شاید ایسا ہو بھی سکتا تھا۔

حکیم: ارے بھائی خاموش رہ — تجھے نہیں معلوم کتنا موذی جانور ہوتا ہے یہ۔ اُف تو ہ! میرے تو پسینے چھوٹ گئے۔

بہو: اری کانتا — میں پوچھتی ہوں کیا تو نے اپنی آنکھوں سے دیکھا تھا!

کانتا: ہاں چھوٹی مالکن، اپنی آنکھوں ہی سے دیکھا تھا۔ میں نیلما دیدی کا کمرہ صاف کرنے کے لئے جیسے ہی کواڑ کھول کر اندر گئی تو وہ بیچ میں لیٹا ہوا تھا۔ مجھے دیکھتے ہی موا پھن اٹھا کر کھڑا ہو گیا اور پھنکاریں مارنے لگا...... ہے بھگوان اب کیا ہوگا — پورے چار گز لمبا ہے!

حکیم: چار گز لمبا — مر گئے، اب تو بالکل مر گئے یار کشن لال۔

دادا: سمجھ میں یہ نہیں آتا کہ آخر یہ سانپ شہروں ہی کا رخ کیوں کرتے ہیں۔

ٹہلنے ٹہلانے کے لئے کیا جنگل برے ہیں۔!

دادی: یہ کم بخت بدھو کہاں مر گیا آخر؟

کانتا: بازار سے دودھ لینے گیا ہے مالکن —!

دادا: تو نے دروازہ بند کر دیا تھا کانتا۔ یا یونہی کھلا چھوڑ کر بھاگ آئی۔؟

کانتا: دروازہ بند کر کے آئی تھی بڑے مالک — کیا بتاؤں سرکار! پورے پانچ گز لمبا ہے!

حکیم: جب دروازہ بند ہے تو گھبرانے کی کیا ضرورت ہے۔ ایک معمولی سے سانپ سے بھلا کیا خوف کھانا۔؟

دادا: اب تو ایسا ہی بولوگے۔ کچھ دیر پہلے ہوا خراب تھی جناب کی۔

حکیم: سانپ اگر سامنے آجائے تو میں نہیں ڈرتا۔ بس ذرا نام سن کر دہشت ہوتی ہے۔

دادا: کوئی بات نہیں۔ آمنا سامنا بھی ہو جائے گا۔

اشوک: دادا جی — میں دیکھ کر آؤں۔

دادی: ہاں ہاں تو کیوں نہ دیکھے گا۔ بڑا تیس مار خاں ہے نا۔ سو گز لمبا سانپ پکڑنے والوں کو تو سانپ سونگھ گیا ہے اس وقت۔!

انیل: پتاجی ذرا چھڑی دیجئے گا۔ میں جا کر مار دیتا ہوں اسے۔

حکیم: کوئی فائدہ نہیں انیل میاں۔ سانپ نکل جائے گا اور تم لاٹھی ہی پیٹتے رہوگے۔

انیل: (جھنجھلا کر) سمجھ میں نہیں آتا کہ پھر سانپ کیسے مرے گا؟

دادا: بیٹے کوئی ایسا طریقہ سوچو کہ سانپ بھی مر جائے اور لاٹھی بھی نہ ٹوٹے۔ سمجھے۔

حکیم: (یکایک چیخ کر) آگیا — آگیا۔ (سب کے چیخنے چلانے، بچاؤ۔ بھاگو۔
ہائے مرگئی جیسی آوازیں)

دادا: (گھبرا کر) کیا آگیا بھائی۔

حکیم: بہترین آئیڈیا آگیا دماغ میں — سانپ مارنے کا بہترین طریقہ!
(سب اطمینان کی سانس لیتے ہیں)

دادا: (موہنہ بنا کر) بکو کیا طریقہ ہے؟۔

حکیم: سانپ کو پتھر سے کیوں نہ مار دیا جائے!

اشوک: میں غلیل لاؤں دادی ماں!

دادی: (غصہ) بیٹھ جا — بڑا تیر انداز بنا ہے۔ جس نے ترکیب بتائی ہے اُسی
کو مارنے دے نا۔

انیل: میرا خیال ہے میں پتھر سے اُس کا پھن کچل دیتا ہوں۔

بہو: (جلدی سے) کیسی باتیں کرتے ہو۔ سانپ کے پھن میں زہر ہوتا ہے۔ کوئی
چھینٹ پڑگئی تو بدن میں آبلے پڑجائیں گے۔

حکیم: کوئی بات نہیں۔ آبلے پڑجائیں گے تو میں آبلوں کی دوا دے دوں گا۔

دادی: (غصہ) چپ بھی رہو کبھائی صاحب۔ ہمیشہ اونگی بونگی بولتے ہو —
آبلے پڑیں اُسکے دشمنوں کے۔

انیل: سمجھ میں نہیں آتا کہ آخر یہ مذاق کب تک ہوتا رہے گا۔ گھر میں زہریلا
سانپ موجود ہے۔ اور کوئی کچھ نہیں کرتا۔ کانتا کا کہنا غلط تھوڑی
ہی ہوسکتا ہے۔

کانتا: جھوٹ نہیں مالک۔ آپ خود چل کر دیکھ لیجئے۔ پورے پانچ گز لمبا ہے۔
ہے بھگوان اب کیا ہوگا۔ ہا

انیل: بس تو پھر ایک اینٹ گھما کر مار ہی دیتا ہوں۔

دادی: لڑکے دماغ تو خراب نہیں ہوگیا۔ اُسے مت چھیڑ۔ اپنے آپ ہی چلا جائے گا۔ وہ ناگ دیوتا ہیں بیٹا ناگ دیوتا۔

دادا: یہ لو — یہ نئی سُنی، وہ زہریلا سانپ اب ناگ دیوتا بن گئے۔!

اشوک: (خوشی سے چلاّ کر) آگیا — میرے دماغ میں بھی آگیا۔

حکیم: کیا آگیا بیٹے — ذرا ہم سبھی تو سُنیں۔

اشوک: (جوشیلا لہجہ) میں کسی سپیرے کو لے آتا ہوں۔ وہ ہمیں پہلے سانپ کا تماشا دکھائے گا اور پھر سانپ کو پکڑ لے جائے گا۔

کرونا: آہا ہا — آہا ہا — ہم سانپ کا تماشا دیکھیں گے۔ سانپ کا تماشا دیکھیں گے۔ (تالی بجاتی ہے)

دادی: (ڈانٹ کر) ارے چپ رہ دونوں۔ بڑے آئے تماشا دیکھنے والے۔ یہاں جان پہ بنی ہے اور تمہیں تماشے کی سوجھ رہی ہے۔ چلو باہر جا کر کھیلو دونوں۔

انیل: اِس کا مطلب یہ ہوا کہ سانپ اِسی گھر میں ڈیرہ جمائے رکھے گا۔!

کانتا: ہائے مالک میں نے تو آنکھوں سے دیکھا ہے۔ پورے چھ گز لمبا ہے۔ ہے بھگوان اب کیا ہوگا۔؟

کرونا: (خوشی سے) دادی ماں دادی ماں — میں ٹیپ ریکارڈ پر بین کا کیسٹ لگا کر لے آتی ہوں۔ سانپ جھومے گا اور ہم اُس کا تماشہ دیکھیں گے۔

دادی: (ڈانٹ کر) ارے چپ رہ تو بھی — ہے بھگوان، اِن ناگ دیوتا کو ہمارے گھر کیوں بھیج دیا — شیو شیو شیو!

بہو : تو پھر ایسا ہے ماں جی کہ میں ہی آ سے جا کر مار دیتی ہوں

دادا : بھئی واہ ـــ بہو تم تو مہارانی جھانسی کے ڈائلاگ بول رہی ہو ـــ مرد تو بیٹھے رہیں اور عورتیں کام دکھا جائیں ـــ واہ ! ـــ وا۔

دادی : پاگل ہوئی ہو بہو ! تمہیں گربھ کے دنوں میں ناگ دیوتا کے سامنے نہیں جانا چاہیئے۔ تمہارا سایہ پڑتے ہی وہ اندھے ہو جائینگے۔

دادا : بڑی خوشی سے ہو جائیں ـــ اندھے ہو جائیں گے تو آسانی سے مار بھی لیئے جائیں گے۔

بہو : (جز بز ہو کے) تو پھر میں کیا کروں ماں جی ـــ یہ تو اُسے پتھر سے مارنے کے لئے تیار بیٹھے ہیں۔

انیل : اور نہیں تو کیا ـــ ابھی مار دیتا ہوں۔

دادا : ٹھہرو ٹھہرو ـــ ایک کام ہو سکتا ہے۔ بہترین ترکیب سوجھی ہے۔ مطلب یہ کہ اگر گھر کے سبھی لوگ بزدل ہیں تو باہر سے آنے والے کو تو بہادر ہونا چاہیئے۔ آخر یہ ہمارا یار حکیم کس دن کام آئے گا۔ سو گز لمبا سانپ پکڑنے والا بہادر کیا یونہی جھک مارتا رہے گا ـــ چلو یار۔ حکیم تم آگے بڑھو۔

حکیم : (گھبرا کر) ک۔ک۔ کون ! ـــ میں ؟ کیا بات کرتے ہو۔ میں اور سانپ ماروں۔ ارے کوئی شیر یا ہاتھی ہوتا تو ایک بات بھی تھی !

دادا : (طنز) ہاں ہاں ـــ ٹھیک ہے ٹھیک ہے۔ درست فرمایا۔

حکیم : یار کشن لال معمولی اور بے ضرر جانوروں کو مارنے کا کہہ کر تم بعض دفعہ میری بڑی بے عزتی کر جاتے ہو !

دادا : مونہہ مت کھلواؤ یار حکیم ـــ بے عزتی اُن کی ہوتی ہے جن کی کوئی عزت ہو۔

سمجھے ؟

انیل : (بےزاری) لیجئے، اب یہاں شروع ہو گئیں دو دیوچونچیں اور سانپ نیلما کے کمرے ہی میں براجمان ہے۔

کانتا : بہت بڑا ہے مالک ــــ ہے بھگوان اب کیا ہوگا ؟ پورے چھ گز لمبا سانپ ہے !

بہو : تو چپ رہ کانتا ــــ ہر کار بولے چلی جاتی ہے۔

انیل : سمجھ میں نہیں آتا کہ اب کیا ہوگا۔ کیا سب یونہی ہاتھ پر ہاتھ دھرے بیٹھے رہیں گے !

حکیم : (غصّہ) میاں اپنے بڈھے باپ سے پوچھو۔ میرا خون تو گردش کھا گیا ہے اِس وقت۔

انیل : میرا خیال ہے کہ سبزی کاٹنے والی چھری گھما کر ماری جائے اُس کے پھن پر ــــ بھنّا سا اڑ جائے گا اُس کا پھن۔

دادی : (غصّے سے) لڑکے دیوانہ ہوا ہے۔ کیا سبزیوں میں زہر ملوائے گا ــــ خبردار، ناگ دیوتا شراپ دے دیں گے۔

انیل : سمجھ میں نہیں آتا کہ آپ لوگوں کو کیا ہو گیا ہے۔ سانپ کو مارنے کی کوئی نہیں سوچتا۔ ؟

دادی : نہیں نہیں۔ اب ناگ دیوتا نہیں مارے جائیں گے ــــ وہ شیو جی کے کنٹھ کی مالا ہیں۔

انیل : (بےبسی سے) اب یہ نئی ٹنٹک شروع ہوئی ! ــــ میری تو کچھ سمجھ میں نہیں آتا۔

حکیم : میری بھی سمجھ میں نہیں آتا، لکڑی سے کوئی اُسے مارنے نہیں دیتا۔

چھری سے پھن اُڑاتے ہوئے ہر ایک کو تکلیف ہوتی ہے۔ بھابی کہتی ہیں کہ وہ دیوتا ہیں ــــ پھر آخر کیا کیا جائے۔؟

دادا : (مذاق اُڑانے والے لہجے میں) سوچو۔سوچو۔

سلیم : (خوش ہو کر) آگئی ترکیب!

سب : (خوشی سے) کونسی ترکیب۔کیا سوچا آپ نے؟

حکیم : (جوش کے ساتھ) اُسے زندہ پکڑ لیا جائے!

[سب شور مچاتے ہیں۔ سبھی کو نا امیدی ہوتی ہے]

دادا : (طنز) واہ بھئی میرے مداری ــــ کیا ترکیب بتائی ہے۔ لیکن میرے یار بلّی کے گلے میں گھنٹی کون باندھے گا؟

حکیم : کانتا باندھ دے گی۔

کانتا : نہیں سرکار نہیں۔ مجھے ڈر لگتا ہے ــــ ہے بھگوان پورے سات گز لمبا سانپ ہے۔!

دادا : (طنز) تو گنتی میں بہت تیز ہے کانتا ــــ ایسا لگتا ہے کہ تو اِس سانپ کو بھی سو گز لمبا ہی کر کے چھوڑے گی۔

کانتا : لیکن مالک ــــ میں تو ــــ میں تو.....

دادا : کوئی بات نہیں۔ کرے تو اُسے سو گز لمبا۔ سو گز ہونے پر ہمارا پیارا حکیم اُسے پکڑ ہی لے گا ــــ وہ سو گز لمبا سانپ پکڑنے میں ماہر ہے نا۔

انیل : اچھا تو آپ لوگ سانپ کی لمبائی ناپتے رہیئے اور میں اُسے جا کر مار دیتا ہوں۔

دادا : نہیں بیٹے تم بھی کیوں جاؤ ــــ میں ٹھہرا بڈھا آدمی۔ اگر کام میں آگیا تو کیا ہوا ــــ عمر تو پوری ہو ہی چکی ہے۔

دادی: لو — پھر مذاق سوجھا نہیں۔(ڈانٹ کر) بیٹھ جاؤ۔
بھگو: تم بھی تو نہیں سنتے۔ بار بار یہی کہے جاتے ہو کہ میں مار دیتا ہوں جاکر — واہ یہ اچھی رہی۔
انیل: ارے بھئی تو پھر کیا کروں — کیا ہاتھ پر ہاتھ دھر کر بیٹھا رہوں؟
حکیم: (تذبذب) جانے کو تو میں چلا جاتا — ویسے میں کہہ ہی چکا ہوں کہ مجھے ذرا سانپ کے نام سے وحشت ہوتی ہے۔
انیل: (غصے میں) اچھا تو میں ہی جاتا ہوں۔ اور دروازہ کھول کر اُسے مار دیتا ہوں۔
دادی: پاگل مت بنو انیل۔ ناگ دیوتا کو بھی کوئی مارتا ہے!
انیل: (عاجز آکر) یہ ناگ دیوتا نہیں ہیں ماں۔
دادی: (رعب سے) خاموش رہو — مجھے اب اپنی ایک غلطی کا احساس ہو رہا ہے۔ ناگ پنچمی کے دن نہ تو میں نے برت رکھا تھا اور نہ پوجا کی تھی۔ اسی لئے ناگ دیوتا خود نیلما کے کمرے میں پدھارے ہیں (عاجزی) ہے ناگ دیوتا — شراپ مت دینا۔ شیو، شیو، شیو!
دادا: (جیسے کوئی خیال ذہن میں آتا ہے) ہاں — اب میں سمجھا — ایک بات اور بھی ہو سکتی ہے!
حکیم: (جلدی سے) کونسی بات، بولو بولو۔
دادا: یار حکیم — بزرگوں نے کہا ہے کہ جہاں خزانہ ہوتا ہے وہاں سانپ آکر بیٹھ جاتا ہے اور اُس کی حفاظت کرتا ہے۔
حکیم: اماں ہاں کشن لال — یار خوب لائے دُور کی کوڑی — ہو سکتا ہے، ضرور ہو سکتا ہے۔

دادا: (خوشی سے) ہو سکتا ہے نا --- واہ وا --- ارے سُنتی ہو! یہ بات تو ہمارے دماغ میں آئی ہی نہیں --- نیلما بٹیا کے کمرے میں خزانہ ہے خزانہ --- خوشی مناؤ سب لوگ۔ اب تو وارے کے نیارے ہو جائیں گے --- آ ہا ہا --- خزانہ، خزانہ! - (ہنستا ہے)

انیل: (ناپسندیدگی) پتا جی میں ایسی "شیخ چلی" والی باتوں میں آنے والا نہیں ہوں۔ میں تو کہتا ہوں کہ سانپ کو مرہی جانا چاہیئے۔

دادی: خبردار انیل --- کہا ہے تکی بولے جا رہے ہو --- ناگ دیوتا کو کوئی نہیں مارے گا --- ہاں۔

دادا: مارنا تو پڑے گا ہی --- خزانہ نکالنا ہے تو سانپ کو تو وہاں سے ہٹانا ہی پڑے گا۔

حکیم: اور وہ ہٹے گا اُس وقت جب اُسے مار دیا جائے۔

دادا: (جوش) بس تو انیل بیٹے تم یوں کرو کہ جلدی سے جا کر کچھ مزدوروں کو لے آؤ اور نیلما کے کمرے کا فرش کھدوا دو۔

حکیم: واہ وا --- کیا عمدہ ترکیب ہے، یوں مزدور اپنے آپ مار لیں گے سانپ کو۔

بہو: (تذبذب) لیکن پتاجی فرش نہ جانے کتنا گہرا کھودنا پڑے۔

داد: بہو چاہے کنویں کی گہرائی تک ہی کھودنا کیوں نہ پڑے --- فرش کھُدے گا ضرور۔

حکیم: خزانہ بھی مل جائے گا اور ہمیشہ کے لئے پانی کا انتظام بھی ہو جائے گا۔ کنویں کی گہرائی تک کھودنے پر پانی تو نکل ہی آئے گا۔

دادی: (ناراضگی) ہاں بھیا --- تمہارا بس چلے تو ہل چلوا دو پورے مکان پر!

حکیم : بھابی کیا کہہ رہی ہو۔ خزانے کے لئے تو گہرائی تک کھودنا ہی پڑے گا۔
دادی : ارے ہئے میں کہتی ہوں اگر خزانہ ہوتا تو مکان بنتے وقت ہی نہ مل جاتا۔؟
دادا : بیشک بات ٹھیک ہے، لیکن ہمیں اس وقت یہ کب معلوم تھا کہ نیلیا کا کمرہ کون سا ہوگا۔؟
دادی : (غصے سے پکار کر) ارے بدلو ۔۔۔ او بدلو ۔۔۔ کہاں مر گیا؟
بدلو : (دور سے) آیا بڑی مالکن۔ (قریب آکر) جی مالکن۔ بولئے کیا کام ہے۔؟
دادا : بدلو ۔۔۔ تو کدال اور پھاوڑہ چلانا جانتا ہے؟
بدلو : نہیں سرکار ۔۔۔ یہ کام میں نے کبھی نہیں کیا؟
دادی : تو اِن کی بات مت سُن اور میری بات پر دھیان دے۔
بدلو : جی مالکن۔؟
دادی : جلدی سے جا کر ایک پیالہ گرم گرم دودھ کا لے آ ۔۔۔ فوراً لے کر آجا۔
بدلو : (جھجکتے ہوئے) مگر مالکن پئے گا کون ۔۔۔ بچے تو باہر کھیل رہے ہیں؟
دادی : بچوں کو نہیں ناگ دیوتا کو پلانا ہے۔ جا دوڑ کر لے آ۔
دادا : سوچ سمجھ کر واپس آئیو بدلو ۔۔۔ نیلما کے کمرے میں سانپ ہے ۔۔۔ ہاں!
بدلو : ارے باپ رے! سانپ!
کانتا : ہاں بدلو ۔۔۔ پورے آٹھ گز لمبا ہے۔ ہے بھگوان اب کیا ہوگا۔؟
حکیم : (پچکار کر) ڈرنے کی ضرورت نہیں بدلو ۔۔۔ معمولی سا سانپ ہے ۔۔۔ بہتر یہ ہے کہ باہر جا کر ایک کدال بھی لے آؤ۔
دادی : (غصہ سے) نہیں ۔۔۔ دودھ کا پیالہ۔
دادا : (چیخ کر) کدال، کدال!
دادی : (غصے سے) بدلو ۔۔۔ جاتا ہے کہ نہیں؟

بدلو: (پریشانی) جاتا ہوں مالکن جاتا ہوں۔
انیل: (غصہ) تو اس کا مطلب یہ ہوا کہ سانپ کو دودھ پلا کر پالا جائے گا۔
دادا: جی نہیں، بلکہ کدال چلا کر اسے وہاں سے ہٹایا جائے گا ــــ وہاں خزانہ ہے خزانہ!
دادی: کیوں خرمستیاں سوجھ رہی ہیں تمہیں۔ کیسا خزانہ کہاں کا خزانہ۔ ناگ دیوتا کو خزانہ کا سانپ بنا دیا۔ ناگ دیوتا ضرور دودھ پئیں گے۔
انیل: لیکن ماں بزرگوں نے کہا ہے کہ سانپ کو کتنا ہی دودھ پلاؤ۔ وہ ڈستا ضرور ہے۔
دادی: (غصہ) تم زیادہ مت بولو انیل ــــ دھرم کی باتوں کو تم کیا جانو؟
[بین کا ریکارڈ یا ٹیپ اچانک شروع ہوتا ہے]
بہو: ارے ــ وہ دونوں شیطان شاید سپیرے کو لے آئے۔
حکیم: کوئی مضائقہ نہیں۔ سپیرا سانپ کو پکڑے گا۔
اشوک: (دور سے) سپیرا نہیں ہے حکیم دادا ــــ ٹیپ ہے ٹیپ ــــ
کرونا: ہم ٹیپ ریکارڈر نیلما دیدی کے کمرے کے سامنے رکھ دیتے ہیں ــ بین سن کر سانپ جھومے گا۔ ہم تماشا دیکھیں گے ــ آہا ہا ــــ
دادا: واہ بیٹی واہ ــ کیا کام دکھایا ہے۔ جھوم جھوم کر گویا سانپ کہے گا۔ خزانہ یہیں ہے۔ خزانہ یہیں ہے ــ کیوں یار حکیم۔؟
حکیم: اس میں کیا شک ہے۔ بدلو کدال لے آئے۔ کدال جیسے ہی فرش پر پڑے گی فرش کھل جائے گا اور ہماری قسمتوں کے دروازے بھی کھل جائیں گے۔
انیل: (غصہ الجھن) مجھ سے تو برداشت ہوتا نہیں پتا جی ــ میں تو شیشوں میں سے جھانک کر مٹ مٹ مٹ کرتا ہوں ــــ ہوسکتا ہے کہ سانپ بھاگ جائے۔

دادی: نہیں بیٹا نہیں ___ گھر میں آئے ہوئے مہمان کو بھگایا نہیں کرتے۔
اِن دونوں شیخ چلیوں کی باتوں پر مت جانا ___ یہ خواہ مخواہ خزانے کا
چکر میں بیٹھے۔ (ایکدم چیخ کر) ارے بند کرو اِس ٹیپ ریکارڈر کو۔
ببو: کردنا، اشوک! ___ سُنا نہیں تم نے۔ بند کردو اِسے۔
اشوک: (ٹیپ بند کردیتا) اچھا ممی بند کردیا۔
بدلو: (دور سے مائیک کے نزدیک آتے ہوئے) میں دودھ لے آیا مالکن۔
دادی: (خوشی سے) لے آیا ___ شاباش۔ بس اب نیلما کے کمرے کا دروازہ
کھول کر دودھ کا پیالہ ناگ دیوتا کے سامنے رکھ دے۔
بدلو: (مری ہوئی آواز میں ڈرتے ہوئے) ک ___ کک ___ کون میں!۔
میں رکھ دوں؟
دادی: تو کیا محلّے والے رکھیں گے آکر!
دادا: ہاں بھیّا بدلو ___ تو ہی قربانی کا بکرا بنے گا تجھے ہی رکھنا ہوگا پیالہ۔
حکیم: زرا ہوشیاری سے رکھنا۔ سانپ ڈس ضرور لیتا ہے ___ دُور دُور رہنا۔
بدلو: (تذبذب) مگر ___ مگر ___ مالکن!
دادا: یار تُو کپکپا کیوں رہا ہے ___ آدمی کا پورا جسم لرز رہا ہو اور دودھ کا
پیالہ سلامت رہ جائے ___ ناممکن، ناممکن!
ببو: ہوشیار رہنا سے بدلو ___ کہیں پیالہ گر نہ جائے؟
حکیم: میرا خیال ہے دودھ کا پیالہ رکھنے سے کُدال چلانا زیادہ آسان ہے۔
کیوں کشن لال؟
دادا: میرا تو پختہ یقین ہے ___ اب تو کُھدائی شروع ہی کرادینی چاہیئے۔
ایسا لگتا ہے کوئی میرے کان میں کہہ رہا ہے کہ خزانہ لو دُ نکال لو۔

انیل: پتاجی — پلیز ذرا خاموش رہیئے۔

دادا: بیٹا مجھے تو بدلو پر رحم آرہا ہے — جن عظیم ہاتھوں میں کدال اور پھاوڑہ ہونا چاہیئے تھا — افسوس اُن میں دودھ کا پیالہ ہے۔

بدلو: بڑے مالک — آپ — آپ ٹھیک ہی کہہ رہے ہیں۔

انیل: (غصّہ) لا بدلو مجھے دے۔ میں رکھ دیتا ہوں پیالہ — کسی طرح یہ جھنجھٹ تو ختم ہو۔ سانپ نہ ہوا، اژدھا ہو گیا؟

کانتا: اژدہا ہی لگتا ہے مالک۔ پورے دس گز لمبا ہے — ہے بھگوان اب کیا ہوگا؟

دادا: کچھ نہیں ہوگا کانتا۔ بدلو فرش پر کدال مارے گا اور خزانہ نکل آئے گا۔

دادی: (ڈانٹ کر) بدلو — آگے جاکر کیوں نہیں رکھ دیتا پیالہ اندر —؟

بدلو: (خوف۔ ہکلاہٹ) جاتا ہوں، جاتا ہوں —

حکیم: دیکھو کر بدلو — تیرے ہاتھ لرز رہے ہیں۔ کہیں پیالہ نہ گر جائے؟

دادی: (چیخ کر) ارے لرز کیوں رہا ہے؟ ناگ دیوتا تک دودھ پہنچانا کونسا مشکل کام ہے جو تیری جان پر بن رہی ہے۔؟

بہو: دروازہ آہستہ کھول بدلو — ہاں آواز نہ ہو — پیالے کو سنبھال بید کی طرح کیوں لرز رہا ہے؟

دادا: ارے بھئی جس کی جان پہ بنی ہو وہ کیا لرزے گا نہیں۔؟

حکیم: اور کیا؟ کالا ناگ تو صاحب بہت خوفناک ہوتا ہے۔ صرف کدال سے ڈرتا ہے اور کسی سے نہیں۔

دادی: (غصّہ) خاموش رہو بھیا، کیوں بولے جاتے ہو۔

دادا: (بلند آواز) بدلو پیالے والا ہاتھ اندر بڑھا رہا ہے۔ سب لوگ ذرا ہٹ جائیں۔

بدلو : (خوف سے) اندر تو بڑا اندھیرا ہے مالک۔۔ مجھے تو نظر ہی نہیں آرہا۔

دادی: فکر مت کر تو ہاتھ تو آگے بڑھا۔

کانتا: (خوف سے ہکلا کر) بدلو بیٹا ہوشیاری سے ــ پورے بارہ گز لمبا سانپ ہے ــ ہے بھگوان.....

دادی: (بات کاٹ کر جلدی سے) ہے بھگوان اب کیا ہوگا ــ بول بول۔ اپنا اگلا شعر بھی بول۔

دادا : دھیان سے بدلو ــ کہیں سانپ کمرے میں سے نکل کر ادھر نہ آجائے؟

انیل: (سنجیدہ غصہ سے) ارے بدلو ناچ کیوں دکھا رہا ہے ــ پیالہ رکھتا کیوں نہیں اندر؟

حکیم : انیل میاں ــ خوف اور ڈر بھی تو کوئی چیز ہوتی ہے ــ بیچارہ ڈر رہا ہے۔

دادا : ارے بدلو تو تو بہت بہادر ہے بھئی ــ اندر قدم رکھ یار ــ سانپ پھن اٹھائے ہوئے ہوگا۔ تجھے فوراً نظر آجائے گا۔

دادی: (چیخ کر) گھبرا کیوں رہا ہے ــ اوہ! تو نے بھی ڈرنے کی حد کر دی۔!

انیل : ارے احتیاط سے ــ درست ــ ہاں آگے رکھ دے پیالہ ــ ارے دیکھو ــ دیکھ کیا کرتا ہے!

بدلو : (خوف کی ایک چیخ مار کر) ہائے مالک سانپ! [پیالہ گرنے کی آواز] اے اللہ بابا تیرے کی ــ دودھ گر گیا مالکن!

دادا : اوہ! گرا دیا نا آخر پیالہ ــ سب دودھ باہر ہی گر گیا۔

حکیم : افسوس! اِن ہاتھوں میں اگر کھال ہوتی تو اس طرح تو نہیں گرتی۔

دادی: (غصہ) تجھ سے اتنا سا بھی کام نہ ہو سکا بدلو ــ کیا ہاتھ پیروں کا دم نکل گیا تھا؟

بدلو : (ڈر۔ خوف) مالکن ـــ مالکن اگر وہ مجھے کاٹ کھاتا تو ـــ وہ۔
وہ تو بہت لمبا سانپ ہے۔

کانتا : ہاں بدلو۔ پورے ۵ اگز لمبا ہے ـــ ہئے بھگوان اب کیا ہوگا۔؟

بہو : (ڈانٹ کر) تو چپ رہ۔ بکواس کئے جاتی ہے۔

دادا : یار حکیم تم دوڑ کر جاؤ اور چند مزدور پکڑ لاؤ۔ فرش کھدوا ہی دیتا ہوں۔

انیل : افوہ پتاجی ـــ آپ کو خزانے کی ہی رٹ لگی ہوئی ہے ـــ یہ نہیں
سوچتے کہ نیلما آگئی تو کیا ہوگا۔؟

دادا : بیٹے نیلما کے آنے میں بہت دیر ہے، جبتک ہم سانپ کو مار کر خزانے
پر قبضہ کر چکے ہوں گے۔

انیل : خیر اب کوئی کچھ بھی کہے ـــ میں جاکر اسکا پھن کچل دیتا ہوں۔

دادی : ہرگز نہیں۔ میں ناگ دیوتا کو ہرگز نہ مارنے دوں گی۔ پہلے ہی وہ
آدھ مرے سے ہیں۔

بدلو : ہاں مالکن ـــ میں نے دیکھا تھا کہ میری آہٹ پاکر بھی سانپ
اپنی جگہ سے نہیں ہلا۔

انیل : میرے خیال میں مر گیا ہے ـــ اگر آپ لوگ کہیں تو چھڑی سے اٹھاکر
اُسے باہر پھینک دوں۔؟

دادا : ہاں ہاں ضرور پھینک دو ـــ مگر وہ جگہ یاد رکھنا جہاں سانپ
لیٹا ہوا ہے ـــ پہلی کدال وہیں پر بجائی ہوگی۔

دادی : تم پھر اُلٹی سیدھی بولے؟

دادا : (سمجھاتے ہوئے) انیل کی ماں! ـــ دیکھو تمہارے ناگ دیوتا کی
قسمت میں نہ دودھ پینا لکھا ہے نہ لکڑی سے مرنا۔ میری مانو تو

اُس جگہ کو فوراً کھدوانا شروع کر دو۔ خزانہ تو ہاتھ لگے بڑے دنوں سے ہتھیلی میں کھجلی ہو رہی ہے!

دادی: (غصّہ) پھر وہی خزانہ — تمہارا دماغ تو نہیں پھر گیا ہے!

دادا: اوہو — ناراض کیوں ہوتی ہو۔ دوسرا دودھ کا پیالہ رکھوا دو۔ بدلو حالانکہ ڈر رہا ہے، مگر وہی رکھ دے گا۔

بدلو: نہیں مالک — میں اندر نہیں جاؤں گا۔ اگر سانپ نے مجھے ڈس لیا تو میں کہاں سے آؤں گا۔؟

دادا: (جوش اور فیصلہ کن لہجہ) ٹھیک ہے، تو اب مجھے ہی جانا پڑے گا۔ لکڑی لے کر اُس کا پھن کچل دیتا ہوں۔

حکیم: بہت خوب، بہت خوب، کیا عمدہ فیصلہ ہے۔

دادا: پھر کیا کروں بھائی۔ یہ سب جوان ہیں۔ اِنکی زندگیاں قیمتی ہیں۔ میں بوڑھا آدمی — میرا کیا ہے، زندگی کے دن تو پورے ہو ہی گئے ہیں۔

دادی: (اچانک پریشان ہو کر) پاگل ہو گئے کیا — پہلے ہی دل کے دورے پڑتے ہیں۔ اگر کچھ ہو گیا تو —؟

حکیم: کوئی بات نہیں۔ میں علاج کر لوں گا — جاؤ کشن لال جاؤ شاباش۔

دادی: نہیں بھیا — یہ نہیں جائیں گے۔

انیل: تو پھر میں جاتا ہوں۔ لانا ذرا لکڑی۔

بھولو: (پریشانی سے) کیسی باتیں کرتے ہو۔ ماں جی منع کر رہی ہیں اور تم جانے کی سوچ رہے ہو — بدلو ہی جائے گا۔

بدلو: (گھگھیا کر) نہیں مالکن — اب مجھے مت بھیجئے۔ میں نے تو سانپ

کو چڑیا گھر میں کبھی نہیں دیکھا۔

[بچوں کی آوازیں دور سے آتی ہیں۔ آہا نیلما دیدی آگئیں، نیلما دیدی آگئیں]

دادی: (گھبرا کر) نیلما آگئی — ابھی سے ؟

نیلما: (دور سے مائیک کے قریب آتے ہوئے) ارے حکیم دادا آپ — آج آپ کیسے آگئے — آداب عرض ہے۔

حکیم: (خوش ہو کر) جیتی۔ جو بیٹی جیتی رہو — آؤ بیٹھو — ناشتہ کرو۔

نیلما: ناشتہ تو میں کر کے گئی تھی حکیم دادا — آج کالج میں چھٹی ہو گئی اس لئے جلدی آگئی — میں ابھی آتی ہوں۔

ہیٹو: کہاں جا رہی ہو۔؟

نیلما: اپنے کمرے میں — کپڑے بدل کر آتی ہوں۔

دادی: (گھبرا کر) نہیں نہیں — تم کمرے میں مت جانا۔

نیلما: (پریشانی سے) لیکن میرا کمرے میں جانا بہت ضروری ہے دادی ماں۔

دادا: ارے بیٹی، تمہارے کمرے میں کالا ناگ بیٹھا ہوا ہے۔ بہت لمبا سانپ!

کانتا: ہاں نیلما دیدی بہت لمبا سانپ — ہے بھگوان اب کیا ہو گا؟ پورے بیس گز لمبا ہے۔

نیلما: (حیرت) بیس گز لمبا۔

دادا: ہاں — کانتا کا گز بہت لمبا ہے، یہ اسی سے ناپتی ہے بیٹی۔!

نیلما: نہیں نہیں — میرے کمرے میں سانپ نہیں ہو سکتا۔

حکیم: خزانہ تو ہو سکتا ہے بٹیا؟

انیل: سانپ ہی ہے۔ تم چاہو تو دور سے شیشوں میں جھانک کر دیکھ لو۔

دادا: جھانکنے کی کیا ضرورت ہے جب ہم کہہ رہے ہیں ہے، تو ہے۔

نیلما: لیکن میں تو دیکھوں گی دادا جی۔

دادا: اوہو! تم سب سے بڑی سورما نکل آئیں۔ یہاں سو سو گز لمبے سانپ پکڑنے والے ہمت ہار بیٹھے ہیں اور تم کہتی ہو کہ کمرے میں جا کر دیکھو گی!

حکیم: بزدل دادا کی بہادری تو تی ہے ــــ لیکن جب بھاؤ تو جگہ دھیان میں رکھنا۔ خزانہ نکالنے کے لئے کھدائی وہیں سے شروع کرنی ہوگی۔

دادی: خبردار ــــ اپنے کمرے میں مت جانا۔

نیلما: (جھنجھلا کر) لیکن دادی ماں، میرا کمرے میں جانا بہت ضروری ہے۔

حکیم: اس کا مطلب ہے کہ تم سانپ مار سکتی ہو!

نیلما: میں اُسے ماروں گی نہیں، پکڑ لوں گی۔

اشوک: ڈیڈی میں بھی دیکھوں گا کہ سانپ کیسے پکڑا جاتا ہے!

دادا: چپ رہو اشوک ــــ بھلا لڑکیاں کبھی سانپ پکڑ سکتی ہیں۔؟

حکیم: ممکن ہے کہ کالج میں پکڑنا سکھایا جاتا ہو!

انیل: تعجب کی بات ہے، یہ جانتے ہوئے بھی کہ تمہارے کمرے میں سانپ ہے، تم اندر جانا کیوں چاہتی ہو؟

نیلما: (روہانسی ہو کر) مجھے کپڑے بھی تو بدلنے ہیں پتا جی۔

انیل: کپڑے بدلنے ہیں تو اپنی ماں کے کمرے میں جا کر بدل لو۔

نیلما: (جھجکتے ہوئے) لیکن ــــ لیکن میں اپنی ساڑھی بھی تو کمرے میں سے نکال کر لاؤں گی۔

بہو: میری ساڑھی باندھ لو ــــ جب کوئی سانپ کو مار دے گا تب اپنے کمرے میں چلی جانا۔

کانتا: مت جاؤ ڈیڈی مت جاؤ ــــــــ ہے بھگوان اب کیا ہوگا ــــ

پلورسے.....

دادا : بس کا نتا — سوگز سے لمبا ہرگز نہ ہونا چاہیئے — خاموش رہو۔

دادی : نیلما — بیٹی تجھے کیا ہو گیا ہے، کیوں دھیرے دھیرے اپنے کمرے کی طرف کھسک رہی ہے۔

حکیم : نیلما بیٹی عقلمند ہے، وہ ضرور خزانے والی جگہ پر نشان لگانا چاہتی ہے۔

دادی : (غصہ) حکیم بھیا تم بھی سٹھیا گئے ہو — بس ایک ہی شعر رٹ لیا ہے خزانے والا — واہ یہ اچھی رہی،

حکیم : اچھا تو نیلما بیٹی مت جاؤ۔

نیلما : (ضد کرکے) میں جاؤں گی حکیم دادا — میرا جانا بہت ضروری ہے۔

انیل : ارے بھئی تو آخر کیوں ضروری ہے۔؟

دادی : کیا تجھے ناگ دیوتا سے ڈر نہیں لگتا — پاگل ہوئی ہے۔

نیلما : ہاں ہاں نہیں لگتا۔ (گلوگیر لہجہ) وہ — وہ سانپ نہیں ہے۔

[سب یک زبان ہو کر چلاتے ہیں: کیا کہا — وہ سانپ نہیں ہے۔]

دادا : اگر وہ سانپ نہیں ہے تو پھر کیا ہے۔؟

حکیم : ربڑ کا سانپ ہوگا — تم نے ہمیں ڈرانے کے لیئے رکھ دیا ہوگا — کیوں؟

نیلما : (روتے ہوئے) وہ سانپ نہیں ہے — میں نے ڈر کے مارے کسی — کسی کو بتایا نہیں تھا۔ (روتی ہے)

پپو : (حیرت) کیا نہیں بتایا تھا؟

نیلما : کالج کی سبھی لڑکیاں ایسا کر رہی تھیں۔ (روتی ہے)

انیل : اف وہ! کیسا کر رہی تھیں — بتاتی کیوں نہیں۔؟

نیلما: (سسکیاں) کالج میں یہ فیشن چل نکلا تھا۔ میں جانتی تھی کہ گھر میں کوئی اجازت نہیں دے گا۔

دادی: کس بات کی اجازت؟

نیلما: (روتے ہوئے) ڈر کے مارے میں نے کسی سے کچھ نہ کہا — اور — اور۔ (ہچکی کر روتی ہے)

دادا: (دلاسہ دیتے ہوئے) رو ؤمت رو ؤمت — اور کیا؟

نیلما: اور — اور میں نے اپنے بال کٹوا لیئے۔

سب: (یک زبان) بال کٹوا لیئے۔!

نیلما: ہاں — میں نے یہ چھپانے کے لئے نقلی چوٹی لگانی شروع کر دی تھی۔

دادی: ہے رام — نقلی چوٹی!

نیلما: ہاں — یہاں گھر میں لگا لیا کرتی تھی اور کالج میں اتار دیتی تھی۔ آج جب میں نے لگائی ہوگی تو ٹھیک طرح نہ لگ سکی ہوگی بشاید کمرے ہی میں گر گئی ہوگی۔

دادا: ہائیں — کیا مطلب — یعنی.... یعنی.....

نیلما: وہ سانپ نہیں ہے، میری نقلی چوٹی ہے دادی ماں!

حکیم: استغفراللہ — لاحول ولا قوۃ۔

دادا: اِس کا مطلب ہے کہ ہم اتنی دیر سے یونہی ڈرتے رہے؟

انیل: خواہ مخواہ سب بیوقوف بن گئے۔

اشوک: میرا بین کا کیسٹ لگانا بھی بیکار ہی گیا پتا جی!

بھو: حد ہو گئی — سب بیکار میں سہمے ہوئے بیٹھے رہے — اوپر سے کانتا کا سب کو ڈرانا۔

دادی: کم بخت سانپ کی لمبائی ہی بڑھا دی گئی۔

کانتا: (شرمندگی سے) مجھے کیا معلوم تھا ماں جی کہ وہ سانپ نہیں چوٹی ہے۔

دادا: اِس کو کہتے ہیں کہ کھودا پہاڑ نکلا چوہا۔ (ہنستا ہے)

حکیم: ابھی کھدائی ہی کہاں ہوئی تھی کشن لال — کھدائی ہوتی ابھی تو سچ مچ چوہا ہی نکلتا۔ (ہنستا ہے)

دادا: اپنا وہ خزانہ بھی دھرا کا دھرا رہ گیا — ہائے ہائے، اگر واقعی وہاں سانپ ہوتا تو خزانہ تو ضرور مل جاتا۔

حکیم: میں چلتا ہوں اب — بیکار میں وقت ضائع ہوا۔

دادا: کہاں جا رہا ہے یار۔ (بلند آواز) اماں وہ اپنا خزانہ تو لیتا جا — ارے او حکیم — او سو گز لمبا سانپ پکڑنے والے شکاری — ارے بھائی اب تو چوٹی کو ہی سانپ سمجھ کر پکڑ لے — حکیم یار، کہاں جا رہا ہے بھائی — سُن تو سہی۔ خزانہ تو لے رے بھائی۔

[آواز دور ہوتی جاتی ہے]

[سب بُری طرح ہنستے ہیں — فیڈ آوٹ]

بن بلایا مہمان

کردار: باپ۔ ماں۔ مجنوں بیلوی۔ رضیہ اور کلٹن نوکر

باپ: (دور سے گھبرائی ہوئی آواز میں) ارے بھئی کہاں ہو۔ میں نے کہا سنتی ہو۔

رضیہ: کیا بات ہے ابا جی۔ آپ اتنے پریشان کیوں ہیں ۔۔ خیر تو ہے؟

باپ: وہی تو نہیں ہے تمہاری امی کہاں ہیں۔ جب ضرورت ہوتی ہے۔ اسی وقت غائب ہو جاتی ہیں۔

رضیہ: اندر کوٹھری میں ہیں۔ کچھ سامان نکال رہی ہیں۔ لیکن آپ کے ہاتھ میں یہ خط کیسا ہے۔؟۔

باپ: بیٹی یہ خط نہیں ہے بلکہ میرے لئے موت کا پروانہ ہے۔ سمجھیں!

رضیہ: خدا نہ کرے ابا جی۔ کیسی بڑی باتیں منہ سے نکالتے ہیں۔ اے لیجئے وہ امی آگئیں۔

باپ: (پریشانی سے) اوہو، آگئیں تم۔ میں کہتا ہوں اندھیر ہو گیا۔

ماں: وہ کب نہیں تھا اس گھر میں۔ کوئی نئی بات بتایئے۔

باپ: مذاق کا وقت نہیں ہے رضیہ کی ماں. میں کہتا ہوں جب سے یہ خط ملا ہے میری تو جان نکل گئی ہے. یقین جانو مجھ سے تو دوپہر کا کھانا بھی نہیں کھایا گیا دوکان پہ. ایک لقمہ لیتا تھا اور معلوم ہوتا تھا کہ سب کھایا پیا باہر آجائے گا.

ماں: (پریشانی سے) الٰہی خیر. کیا بات ہے؟

رضیہ: کچھ نہیں بتاتے امی، بس پریشان ہیں. خدا کے لئے ابا جی بتایئے نا.

باپ: بھئی کیا بتاؤں! میری تو سمجھ میں نہیں آتا کیا کروں. ارے وہ کم بخت یہاں آرہا ہے.

امی: کون — ؟ کس کی بات کر رہے ہیں؟

باپ: ارے وہی برکت اللہ صاحب کا بیوقوف لڑکا اور کون؟.

امی: ہائے میں مرگئی. صبح ہی صبح یہ کونسی منحوس خبر سنادی آپ نے.

رضیہ: (ناراضی سے) میں تو افتخار ماموں کے ہاں چلی جاؤں گی. میں یہاں نہیں رہوں گی. جتنے دن کم بخت یہاں رہے گا، مجھے پریشان کرتا رہے گا.

باپ: بندہ اجبھی تو میں کہوں کہ صبح کی چائے اچھی کیوں نہیں لگی. ایسا لگا جیسے اُبلا ہوا جوشاندہ پی رہا ہوں. ناشتہ بھی زہر لگنے لگا.

امی: تو کیا یہ خط اسی کا ہے.؟

باپ: کم بخت نے ایکسپریس ڈلیوری سے بھیجا ہے. لو دیکھو.

امی: نہیں جی. خود ہی پڑھ کر سنایئے.

باپ: سنو لکھتا ہے: "انکل ڈیر تسلیم" اب بھلا بتلایئے میری اس عمر میں کمبخت مجھے ڈیر لکھ رہا ہے: "میں یہاں خیریت سے ہوں اور آپ کا خیریت خداوند کریم سے نیک چاہتا ہوں" ہونہہ! وہی دقیانوسی فقرہ! "دیگر احوال یہ ہے

ے پڑ ہوں شکوے سے یوں ہو راگ سے جیسے باجہ
اک ذرا چھیڑیئے پھر دیکھئے کیا ہوتا ہے

آپ سے دور رہ کر میری حالت وہی ہے جو جل بن مچھلی کی ہوتی ہے۔ عرصے سے آپ کی دید کو آنکھیں ترس رہی ہیں۔ آپ کے گھر کا لذیذ کھانا، رضیہ بیگم کا اسے سلیقے سے میز پر لگانا مجھے زندگی بھر نہیں بھول سکتا۔

رضیہ: (غصے سے) خدا کی قسم ابا جی، یہ آیا تو دست پنے سے غیر لوں گی اس کی کلموا کہیں کا۔ کیا میں اُسکے لیئے میز پر کھانا لگائی تھی!

باپ: آگے پھر ایک بھیتر شعر لکھا ہے ے

" میز پر رضیہ کا وہ کھانا لگانا یاد ہے
پُرشکم ہو کر میرا پھر اس کو کھانا یاد ہے!"

لاحول ولا قوۃ۔ کم بخت کو کھانے کے علاوہ کچھ یاد ہی نہیں ہے۔ آگے لکھتا ہے۔

" امّی کا محبت سے مجھے دیکھتے رہنا، رضیہ بیگم کا ہر وقت خوشی خوشی میرے آگے پیچھے پھرنا، بھلا میں ان سب باتوں کو کیسے بھول جاؤں!"

رضیہ: (احتجاج) ابا جی۔ سچ یہ کم بخت الزام لگا رہا ہے۔

امّی: میں اس کو گھورتی تھی یا محبت سے دیکھتی تھی۔

باپ: بھئی مجھے سب معلوم ہے، مجھے کیا بتا رہی ہو۔ لو سنو۔ آگے لکھتا ہے " امّی جی چاہتا ہے کہ چند دن پھر آپ کی خدمت کروں۔ آپ کی قدم بوسی کرنے کے لیئے حاضر ہو رہا ہوں۔ جس وقت یہ خط ملے گا سمجھ لیجیے کہ اس سے چند گھنٹے بعد ہی حاضر ہو جاؤں گا۔ رضیہ بیگم کو بھی یہ خوشخبری سنا دیجیئے گا۔ میں اپنی بیاض لیتا آؤں گا، انہیں اشعار کا شوق ہے نا۔ ڈھیر سارے شعر سناؤں گا۔ فقط۔ آپ سب کا تابعدار شوکت اللہ مجنوں سیلوی۔

رضیہ: (نفرت سے) ہونہہ. بڑا آیا شاعر کہیں کا.

باپ: (اطمینان کا سانس لے کر) یہ تھا صاحب وہ گرما گرم خط جس کے بعد وہ مجنوں لیلوی صاحب تشریف لانے والے ہیں. اور اس گھر سے سکون رخصت ہونے والا ہے.

(ہنستا ہے)

امّی: واہ یہ کوئی ہنسی کی بات ہے. یہاں دل جل رہا ہے اور آپ ہنس رہے ہیں.

باپ: تو کیا کروں. بزرگوں نے کہا ہے کہ ہر مصیبت کا ہنسی خوشی استقبال کرنا چاہیئے.

رضیہ: مگر میں پوچھتی ہوں کہ آخر یہ بے وقوف ہمارا ہوتا کون ہے.؟

امّی: (غصّے سے) ہوتا کون؟ تمہارے ابو کی پھوپھی کے بھائی کے داماد کی بیٹی کا لڑکا دڑکا ہے.

باپ: خوب رشتہ نکال لائی ہو. (ہنستا ہے)

رضیہ: لیکن ابا مہمان یہ ہمارے گھر ہی کو کیوں لشانہ بناتا ہے.؟

امّی: ہاں اور میں بھی یہی دیکھتی ہوں کہ آپ بھی اس کی خاطر کیا کرتے نہیں تھکتے

باپ: کیسی باتیں کرتی ہو رضیہ کی ماں. مروت اور اخلاق بھی کوئی چیز ہے.

امّی: (بُرا مان کر) جی ہاں، صرف آپ ہی کو ان کے معنی معلوم ہیں.

باپ: گھر آئے ہوئے مہمان کو دھتکارا تو نہیں جا سکتا. مہمان خدا کی رحمت ہوتے ہیں.

رضیہ: زحمت معلوم ہونے میں ہیں تو.

ماں: اور پھر وہ مہمان بن کر کب آتا ہے. وہ تو اس گھر کا مالک بن کر آتا ہے. ہر کونے کھدرے میں گھستا ہے. ایک ایک چیز کو استعمال کرتا ہے جیسے وہی اسے خرید کر لایا ہے. یوں لگتا ہے کہ ہم لوگ اس گھر میں مہمان ہیں اور وہ دراصل میزبان ہے

باپ: (بیزاری سے) بھئی تو پھر تم ہی بتاؤ کہ کیا کروں؟ گھر کو تالا لگا کر تو کہیں نہیں

جا یا جا سکتا۔ اگر ایسا ہوا تو برکت اللہ کیا کہیں گے؟ رضیہ بھی تو آخر علی گڑھ میں ان کے ہاں مقیم رہی ہے۔

رضیہ: مگر اباجی میں تو صبح جاتی تھی اور شام کو کالج سے واپس آتی تھی۔ اس زمانے میں یہ بے وقوف حیدرآباد میں تھا۔ اگر یہ وہاں ہوتا تو کیا میں اتنی آسانی سے علی گڑھ میں رہ سکتی تھی۔!

باپ: مان لیا۔ لیکن بیٹی ہم لوگ ایسا نہیں کر سکتے۔ اب آئے گا تو آ جائے اپنے مقدر کا ہی کھائے گا۔

امی: سچ مچ تو ہول اُٹھنے لگا ہے۔ مہنگائی کا زمانہ اور اوپر سے ایک مہمان۔ ہونہہ

رضیہ: اور امی مہمان بھی وہ جو بہت بڑا پیٹو ہے۔ سچ اگر زیادہ کھانے کا کہیں مقابلہ ہو تو اوّل آئے۔

امی: ہاں کم بخت سولہ سترہ چپاتیاں ایک ہی وقت میں ڈکار جاتا ہے، اور اس پر بھی بس نہیں کرتا۔

رضیہ: (نفرت سے) پیٹ نہیں، مال گودام ہے مال گودام۔ جو بھی اس میں گیا بس فوراً ہضم۔

باپ: (ہنستے ہوئے) تم دونوں تو واقعی لٹھ پانی لے کر چڑھ گئیں اُس غریب پر۔ دیکھو تشویش تو مجھے بھی ہے۔ میں بھی پریشان ہوں لیکن کیا کروں؟ کیا اُسے آنے کے بعد دھکے دے کر نکال دوں؟

امی: بالکل یہی کرنا چاہیئے اس کے ساتھ۔

باپ: بس تو یہ کام میں نہیں سونپتا ہوں۔ تم اگر چاہو تو اسے باہر نکال دو۔ مجھے کوئی افسوس نہیں ہوگا۔

امی: (سوچتے ہوئے) لیکن ــــ مگر ــــ واقعی یہ تو مشکل کام ہے۔ بلّی کے گلے

میں گھنٹی کون باندھے گا۔؟

رضیہ: اُسے لکھ دیجئے کہ یہاں آنے کی ضرورت نہیں۔ ہم سب خیریت سے ہیں اور تمہاری خیریت کے نیک خواہاں ہیں۔ دیگر احوال یہ ہے کہ اگر ضروری ہی ہے تو پھر اگلے سال آجاؤ۔

باپ: شاباشش بیٹی! کیا عمدہ تجویز پیش کی ہے۔ دیکھو! ایسا کام کرو کہ سانپ بھی مرجائے اور لاٹھی بھی نہ ٹوٹے۔

امّی: بھئی میری تو کچھ سمجھ میں نہیں آتا۔ آپ ہی سوچئے۔

رضیہ: میں کیا بتاؤں مجھے تو اس کے نام ہی سے نفرت ہے۔

باپ: رضیہ کی ماں، بات یہ ہے کہ وہ ہے پیسے والا۔ برکت اللہ خاں بہت بڑے ٹھیکیدار ہیں۔ فی الحال تو ہمیں ان کا یہ لڑکا شوکت برا نظر آرہا ہے۔ لیکن وہ جو بات ایک مرتبہ انہوں نے رضیہ کے بارے میں کہی تھی، تم نے اس کے بارے میں بھی کچھ سوچا ہے۔؟

امّی: ارے ہاں! وہ تو میں بھول ہی گئی۔ ٹھیک ہے ٹھیک ہے، تم ٹھیک کہہ رہے ہو۔

باپ: یاد رکھو رضیہ کی ماں! دولت سب عیب کو ڈھک لیتی ہے۔

رضیہ: میرے بارے میں کون سا تذکرہ ہے امّی؟

امّی: کچھ نہیں۔ ہے کچھ ایسی ہی بات۔

رضیہ: میں سب سمجھتی ہوں۔ کچھ نہ کچھ گڑبڑ ضرور ہے۔ مجھے بتائیے نا ابا جان۔

باپ: بھئی بات یہ ہے کہ سبھی لڑکیاں ہمیشہ گھروں میں تو بیٹھی نہیں رہا کرتیں۔ ایک نہ ایک دن پرائے گھر جاتی ضرور ہیں۔ برکت اللہ خاں نے دراصل ذکر چھیڑا تھا کہ۔ میرا مطلب ہے — یعنی وہ تمہیں شوکت کے لئے مانگ رہے تھے۔

رضیہ: (چیخ کر) کیا — ؟ یعنی آپ دونوں مجھے جہنم میں دھکیلنے کی سوچ رہے ہیں۔!

باپ: بھئی یہ تو ایک خیال ہے۔ کوئی فیصلہ تھوڑے ہی ہو گیا ہے۔

رضیہ: (غصے سے) دیکھئے ابا جان، میں صاف کہے دیتی ہوں کہ مجھے وہ بن مانس ایک آنکھ نہیں بھاتا۔ اب تو میں کسی بھی طرح اس کا گھر میں آنا برداشت نہیں کر سکتی خدا کرے کمبخت راستے میں ہی مر جائے۔ کہیں ایکسیڈنٹ ہو جائے۔ نامراد کا۔ ذلیل۔ کمینہ۔

امی: بری بات ہے بیٹی۔ یوں کوسنے نہیں دیا کرتے۔

باپ: بھئی دیکھا جائے تو رضیہ ٹھیک ہی ناراض ہو رہی ہے۔ ویسے میرا ایک خیال ہے۔ جس کی وجہ سے وہ جلد ہی یہاں سے بھاگ سکتا ہے۔

رضیہ: وہ کیا ــــ؟ سچ ابا جان کیا واقعی کوئی ترکیب ہے۔

باپ: بڑی عمدہ ترکیب، نہ ہینگ لگے نہ پھٹکری اور رنگ چوکھا آئے۔

امی: بس تو جلدی بتاؤ۔ کہیں ایسا نہ ہو کہ وہ ابھی آ جائے اور تم سوچتے ہی رہو۔

باپ: وہ ترکیب یہ ہے کہ کلن سے کہہ دیا جائے کہ اس کا کوئی حکم نہ مانے۔ کہہ دے کہ میں بہرہ ہو گیا ہوں۔ اس کے سامنے کھانے پینے کی چیزیں اتنی کم لائی جائیں کہ وہ سوچنے پر مجبور ہو جائے۔

رضیہ: (خوش ہو کر) سالن اور دال میں اتنی مرچیں ہوں اتنی مرچیں ہوں کہ دن میں تارے نظر آ جائیں بچہ جی کو۔

امی: ترسا ترسا کے کھلایا جائے بد تمیز کو۔ پہلے کھانے کا سامان دکھا دو پھر اٹھا لو۔ کیوں؟

باپ: واہ بھلا اس سے کیا فائدہ۔ جب سامان دکھانا ہی ہے تو کھلا نہ دو؟ نہیں نہیں یہ بات غلط ہے بہتر طریقہ یہی ہے کہ سامان ہی مت لاؤ۔ جو گھر میں دال روٹی ہو بس وہی کھلا دی جائے۔

رضیہ: اس نالائق کو مٹر پلاؤ بہت پسند ہے۔ ابّا جان میں کہتی ہوں کہ اوّل تو مٹر پلاؤ پکے نہیں، اور اگر پکے تو مٹر کے دانوں کے ساتھ ہی گول کنکریاں ملادی جائیں۔ (ہنس کر) چھٹی کا دودھ یاد نہ آجائے بچہ جی کو تو میرا ذمہ۔

باپ: چلو ٹھیک ہے تم لوگوں نے طریقے تو خوب ڈھونڈ لیے ہیں۔ ترکیبیں بھی اچھی ہیں، بس مزہ تو اس وقت ہے کہ یہ ترکیبیں وقت پر چل جائیں اور کارآمد ثابت ہوں۔

امّی: بس جی تو پھر میں اپنا کام کرتی ہوں۔ کلّن کو جاکر بتاتی ہوں کہ اسے کیا کرنا چاہیئے۔ ساڑھے نو بج چکے ہیں۔ میرا خیال ہے کہ دو گھنٹے بعد ہی وہ آجائے گا۔ تیسا اتنے میں یہ کام کرتی ہوں۔ آپ لوگ دعا مانگیے کہ خدا اس آئی بلا کو ٹال دے۔

(سب کے قہقہے۔ ساز بجتا ہے)

امّی: کیوں جی، آپ بتائیے کہ ٹھیک ہے نا۔

باپ: بالکل ٹھیک۔ پلیٹیں دیکھ کر تو ایسا لگتا ہے گویا وہ کھانے کے ساتھ (دہی ہی) انہیں بھی کھا جائے گا۔ ویسے رضیہ کی ماں! اس غریب کو ایک دو دن تو مہمان بنائے رکھنا ہی پڑے گا۔ اخلاق سے بعید ہے اگر اسے چلتا کردیا جائے۔

رضیہ: ابّا جان اتنا تو کرنا ہی پڑے گا لیکن دو دن سے زیادہ ہرگز نہیں۔

باپ: اور وہ کلّن والا کام وہ تو ٹھیک ہے نا؟

رضیہ: بالکل ٹھیک ہے۔ ایکدم ٹھیک ہے (ہنستی ہے) سچ ابّا جان مزہ آجائے گا۔ مجھے تو سوچ سوچ کر ہنسی آئے جارہی ہے۔

امّی: کلّن کو بلاکر پوچھ لیجئے آپ (بلند آواز) کلّن او کلّن ـــ ذرا ادھر تو آ۔

کلّن: (دور سے) آیا سرکار! (قریب سے) جی ـــ کہئے؟

باپ: ارے بھئی کلّن سب کام ٹھیک ہے نا؟

کلّن: حضور ایسا ولیسا۔ بس ایسا کام کر دیا ہے کہ جواب نہیں۔ میرے خیال میں تو

حضور آتے ہی دفان ہو جائیں گے شوکت میاں. بہتر انتظام کردیا ہے آتے
ہی دال فے عین۔ جی ہاں ــــ اب اگر خدا ہی کو منظور ہوا اور اس گھر کی زمین
نے اُن کے قدم پکڑ لئے تو حضور میں کیا کر سکتا ہوں .؟

امی: (ڈانٹ کر) اچھا چپ رہ. بری فال منہ سے مت نکال.

رضیہ: امی میں نے خود بہت سی چیزیں بنائی ہیں لال بجھکڑ کو مزہ آجائے گا. (ہنستی ہے)

باپ: ویسے پونے بارہ بجنے والے ہیں، اسے اب تک تو آجانا چاہیئے تھا۔

رضیہ: (نفرت سے) ہو سکتا ہے کہیں بھیک منگوں کی قطار میں برا جان ہو. ہونہہ.!

کلن: لیکن حضور وہ جو دروازے میں سے شوکت میاں پر چھپکلی پھینکنے کا پروگرام تھا.
وہ کون انجام دے گا.؟

باپ: (تعجب سے) کیا مطلب ــ؟

کلن: حضور چھوٹی بی بی نے کہا تھا مجھ سے کہ دروازے کے اوپر دھاگے سے باندھ
کر تین چھپکلیاں لٹکادی جائیں. اور جب شوکت میاں آئیں تو رسی ڈھیلی کردی
جائے وہ ڈر جائیں گے اور بھاگ جائیں گے .

باپ: لاحول ولا قوۃ. بھلا چھپکلی سے وہ کیسے ڈرے گا وہ تو ایسا آدمی ہے کہ شیر
سے بھی نہ ڈرے .

شوکت: (دور سے چلا کر) ہم آگئے ڈیڈی۔ ہم آگئے ممی.!

امی: (گھبرا کر چیخ اٹھتی ہے) کون ــــ ارے تم ــــ اوہ تم نے تو مجھے ڈرا ہی
دیا تھا بیٹا۔

شوکت: ہم نے سب سن لیا ممی. ڈیڈی ہماری تعریف کر رہے تھے کہ ہم شیر تک سے
نہیں ڈرتے . خوب. خوب. عرض کیا ہے.

شیروں سے ڈرنے والے اے آسماں نہیں ہم
سو بار کر چکا ہے تو امتحاں ہمارا

باپ: (پریشانی سے) وہ تو ٹھیک ہے بیٹا مگر شیر سے پہلے تم نے کیا سُنا تھا.؟

شوکت: کچھ نہیں. کچھ بھی نہیں. شیر کا مقابلہ تو کوئی کر ہی نہیں. لہذا اس سے پہلے کوئی کیا کہہ سکتا ہے اور کیا سن سکتا ہے. شیر کا مقابلہ تو ڈیڈی صرف شعر کر سکتا ہے. شین عین رے عین سے. کیونکہ شاعری آسان نہیں ہوتی یہ فن خداداد صرف آپ کے اس خادم شوکت اللہ مجنوں لیلوی کے حصے ہی میں آیا ہے. عرض کیا ہے.

شاعری کھیل نہیں جس سے کہ بچے کھیلیں
دم نکل جاتا ہے جب شعر نکل آتا ہے

[ہنستا ہے. سب مجبوراً ہنستے ہیں]

باپ: (ہی ہی) ٹھیک ہے ٹھیک ہے.

شوکت: ویسے کھانے کی میز تو آپ نے خوب سجا کر رکھی ہے — واہ — ایسا لگتا ہے کہ یہ سب میرے ہی استقبال کے لئے کیا گیا ہے.

رضیہ: (بے رخی سے) اور کیا. ہمیں کوئی اور کام ہی کب ہے. دنیا میں!

شوکت: (چونک کر) ارے آپ بھی یہاں کھڑی ہیں. رضیہ بیگم. بھئی واہ. میں نے تو دیکھا ہی نہیں.

رضیہ: اور اگر آئندہ بھی نہ دیکھیں تو بڑا کرم ہوگا.

شوکت: کیسے نہ دیکھوں. آپ تو پہلے سے بھی زیادہ ونڈر فل — میرا مطلب ہے کہ صحت مند دکھائی دے رہی ہیں. (آہستہ سے) جواب نہیں رضیہ بیگم آپ کا.

رضیہ : (جل کر) مجھے بدتمیزی کی باتیں پسند نہیں۔

شوکت: میں تو بڑی تمیز سے گفتگو کر رہا ہوں۔ کیا بات ہے ممی۔ یہ تو ہمیشہ ہی کچھ جلی کٹی باتیں کرتی ہیں۔

امی : ہاں اس کی طبیعت ٹھیک نہیں ہے۔

شوکت: کوئی بات نہیں۔ اب میں آگیا ہوں تو ٹھیک ہو جائے گی۔

باپ: (کھنکار کر گویا بات کا موضوع پلٹتے ہوئے) میاں شوکت! کیا بات ہے کہ تمہارا ایکسپریس خط ذرا دیر سے ملا۔ اب سچ بات تو یہ ہے کہ تمہارے مطلب کا کھانا بھی وقت پر تیار نہیں ہو سکا۔

امی : ہاں بیٹا۔ آج دوپہر کے کھانے پر واقعی دیر ہوگئی۔ میں تو......

شوکت: کوئی بات نہیں ممی۔ میں تو بے تکلف آدمی ہوں۔ کھانے کی میز پر جو بھی ہوگا چل جائے گا۔

باپ: (پھر کھنکارتا ہے) آج رضیہ کی طبیعت اچھی نہیں ہے۔ اچھے کھانے بھلا کون بناتا؟ اب جو روکھی سوکھی اور چٹنی روٹی ہوگی۔ تمہارے آگے رکھ دی جائے گی۔

شوکت: (ہنستا ہے) ضرور ضرور۔ میں تو اسے اپنا ہی گھر سمجھتا ہوں۔ لیکن — یہ قصہ کہیں اس قصے جیسا تو نہیں ہے۔

ممی : (حیرت سے) کس قصے جیسا؟

شوکت: اجی وہ قصہ یوں ہے ممی کہ ایک نواب صاحب نے ایک بچارے شاعر کے کلام سے خوش ہو کر بس یوں سمجھئے کہ وہ مجھ جیسا ہی شاعر تھا۔ شوکت اللہ مجنوں لیلوی ٹائپ کا۔ اس غریب نے نواب صاحب کو اشعار سنا دیئے نواب صاحب بہت خوش ہوئے۔ اور کہنے لگے میاں شاعر صاحب کبھی دولت کدے

پر تشریف لائیے۔ جب بھی تشریف لائیں گے تو روٹی چٹنی سے تو ضیافت تو ضرور کی جائے گی۔

باپ: (کھسیانی ہنسی) ہی ہی، اچھا اچھا — خوب!!

شوکت: تو ڈیڈی ہوا یہ کہ شاعر نواب صاحب کے دولت کدے پر پہنچ گیا۔ اسے ایک بہترین اور لمبی چوڑی کھانے کی میز کے پاس بٹھا دیا گیا اور خود نواب صاحب سامنے کی کرسی پر براجمان ہو گئے۔ شاعر تصور میں مرغ ماہی، قورمہ، بریانی، مٹر پلاؤ اور کھیر کے پیالوں کو دیکھ رہا تھا۔ اچانک باورچی نوکر نے کھانے کی ٹرے شاعر کے سامنے رکھ دی اور کھانے کو دیکھ کر شاعر کے اوسان خطا ہو گئے۔ (ہنستا ہے)

ممی: (حیرت سے) کیوں، اوسان کیوں خطا ہو گئے؟

شوکت: اسی لئے ممی کہ کھانے میں صرف لہسن کی چٹنی اور مکئی کی روٹی تھی۔

باپ: ارے کیا واقعی؟

شوکت: جی ہاں۔ بیچارے مہمان شاعر نے اسی کو زہر مار کرنا شروع کیا۔ نواب صاحب کسی کام سے زنان خانے میں گئے۔ لیکن ان کا کتا دم ہلاتا ہوا اندر آ گیا۔ اور مہمان کی ٹانگوں سے منہ رگڑنے لگا۔ نواب صاحب جیسے ہی اندر آئے اور انہوں نے یہ سب کچھ دیکھا تو ان کی آنکھوں میں خون اتر آیا۔ انہوں نے اپنی بندوق اٹھائی اور کتے کو نشانہ بنا کر بولے — بھاگ جاؤ ورنہ گولی مار دوں گا۔ مہمان نے چٹنی بھرا نوالہ حلق سے اتارتے ہوئے کتے سے کہا — جا بھائی جا — نواب صاحب جو کہتے ہیں وہی کرتے ہیں۔ وہ سچ مچ گولی مار دیں گے۔ (ہنستا ہے)

باپ: (کھسیانی ہنسی) ہی ہی، اچھا اچھا۔ بھئی واہ واہ۔

شوکت: اسی لئے میں نے سمجھا کہ جب آپ سبھی یہی کہہ رہے ہیں کہ جو چٹنی روٹی ہوگی
تمہارے آگے رکھ دی جائے گی، تو میں۔ میرا مطلب ہے معاف کیجئے گا ڈیڈی۔
کچھ اور ہی سمجھا تھا میں۔ (ہنستا ہے)

امی: (جھینپی ہنسی) نہیں بیٹا نہیں۔ ایسی کوئی بات نہیں۔ ہم غریب ہیں تو کیا ہوا۔
ایسے گئے گزرے بھی نہیں ہیں۔

شوکت: (خوش ہوکر) وہ تو میں جانتا ہوں۔ اچھی طرح جانتا ہوں۔

رضیہ: (طنزیہ) اسی لئے تو یہ یہاں آئے ہیں۔

شوکت: جی ہاں جی ہاں۔ میرا مطلب ہے کہ دراصل یہی تبدیل آب و ہوا کے لئے آنا ہو گیا۔

ممی: چھوڑو بیٹا۔ تم بھی کیا باتیں لے بیٹھے۔ یہ بتاؤ کہ تم ٹھیک تو ہو۔ گھر میں خیریت تو ہے؟

شوکت: گھر میں تو خیر سب خیریت ہی خیریت ہے لیکن اپنے بارے میں کیا عرض کروں
(ٹھنڈی سانس) ویسے عرض کیا ہے۔

شہر میں لگتا نہیں صحرا سے گھبراتا ہے دل
اب کہاں لے جا کے بیٹھیں ایسے دیوانے کو ہم

طبیعت اداس اور دل پریشان سا رہتا ہے ممی!

اک ٹیس سی دل میں اٹھتی ہے اک درد جگر میں ہوتا ہے
ہم رات کو اٹھ کر روتے ہیں جب سارا عالم سوتا ہے

(لمبی سی ٹھنڈی سانس) بس کیا عرض کروں ــــ افسوس۔ صد افسوس!

رضیہ: (طنز سے) ملاحظہ فرمایا ابا جان۔ یعنی اب یہ باقاعدہ سب کو بور کریں گے۔ یہ
حالت تو اس وقت ہے جبکہ تر لقمے حلق سے نہیں اترے ــــ آ... گے
آگے دیکھئے ہوتا ہے کیا؟ ــــ

امی: (ہلکی سی ڈانٹ) تم خاموش رہو رضیہ۔ گھر آئے ہوئے مہمان سے کہیں اس طرح

بولتے ہیں۔

باپ: مگر برخوردار تم نے نہیں بتایا کہ تکلیف کیا ہے؟

شوکت: کیا بتاؤں ڈیڈی کہ کیا تکلیف ہے۔ سب سے بڑی تکلیف تو یہی ہے کہ ہاضمہ بہت خراب ہے۔

رضیہ: (طنزیہ) خدا کا لاکھ لاکھ شکر ہے۔

شوکت: جی ہاں۔ خدا کا شکر ہے کہ میں یہاں آگیا۔ ہمارے شہر میں تو ملیریا، پلیگ اور چیچک پھیل رہی ہے۔ ان سے ڈر کر ہی یہاں آگیا ہوں۔ سنا ہے دلّی کا پانی بہت اچھا ہے۔ یہاں بھوک ذرا کھل کر لگے گی۔ ڈاکٹروں نے دودھ اور دہی خوب کھانے کو بتایا ہے۔ کھانے کے بعد سویٹ ڈش بھی بتادی ہے عمدہ قسم کی۔

رضیہ: (جان بوجھ کر بلند آواز) کیا کہا۔ کھانے کے بعد زہر بتایا ہے۔

شوکت: اجی لاحول بھیجیے رضیہ بیگم۔ بھلا زہر کونسا ڈاکٹر بتائے گا۔ اس سے تو جان ہی نکل جائے گی۔

باپ: (افسوسناک لہجہ، خود کلامی) جان تو اپنی بھی نکل گئی ہے۔

شوکت: آپ نے مجھ سے کچھ کہا ڈیڈی۔؟

باپ: نہیں نہیں۔ میں بھلا کیا کہوں گا۔ ان حالات میں کوئی ... ہی کیا سکتا ہے۔

شوکت: جی ہاں جی ہاں۔ ویسے ڈاکٹروں نے یہ بھی کہا تھا کہ جس گھر میں کوئی بیمار ہو مجھے وہاں نہیں رہنا چاہیے۔ یہاں تو کوئی بیمار نہیں ہے۔؟

رضیہ: (جز بز ہو کر) سنا نہیں آپ نے۔ میری طبیعت خراب ہے آج کل۔

شوکت: (قہقہہ) یہ تو کوئی بات نہیں ہے معمولی سی بات ہے۔ ویسے یہاں آکر دل خوش ہو گیا ہے۔ کیوں ممی۔

امی: ہاں بیٹا۔ اور نہیں تو کیا۔

شوکت: اب میں یہاں آرام سے پانچ چھ مہینے تک رہ سکوں گا۔

(رضیہ زور کی ایک چیخ مارتی ہے)

امی: (گھبرا کر) کیا ہوا — کیا ہوا رضیہ بیٹی —

رضیہ: کچھ نہیں امی۔ بس دل سا بیٹھنے لگا تھا۔

شوکت: اوہ! معلوم ہوتا ہے رضیہ بیگم آپ سے زیادہ خوشی برداشت نہیں ہوتی۔

باپ: (جلدی سے) بالکل بالکل یہی بات ہے۔ بہت نازک مزاج ہے۔ تمہارے پانچ ماہ تک رہنے والی خوشخبری سے دل بیتاب ہو گیا۔

شوکت: وہ تو ہونا ہی تھا۔ رضیہ بیگم اگر کہیں گی تو ایک سال تک یہاں رہ سکتا ہوں۔

امی: یا اللہ! (امی ہائے کر کے بے ہوش سی ہونے لگتی ہے)

باپ: کیا ہوا؟ — کیا بات ہے؟

رضیہ: (امی) سے بھی خوشی برداشت نہیں ہو پائی ابا۔

شوکت: ارے پانی (چیختا ہے) پانی — کوئی ہے — پانی لاؤ۔ ممی بیہوش ہونے لگی ہیں۔

امی: نہیں نہیں، میں ٹھیک ہوں، ایسے ہی ذرا چکر آ گیا تھا۔

شوکت: چکر تو آئے گا ہی۔ آپ روز ناشتے میں دو انڈے لیا کیجئے۔ ایک پاؤ دودھ۔ سیب کا مربہ اور انگور۔ آپ کے جسم میں توانائی بھر دے گا یہ سب سامان۔

رضیہ: (طنزیہ) لیکن یہ سب سامان دوگنا منگانا پڑے گا امی۔

شوکت: کیوں؟ وہ کیوں؟

رضیہ: ناشتے پر آپ بھی تو موجود رہیں گے نا۔ امی آپ سے ناشتے میں ساتھ دینے کو کہیں گی، آپ نے انکار کر دیا تو کیا ممی کا دل نہ ٹوٹ جائے گا۔

شوکت: بالکل ٹوٹ جائے گا۔ لازمی ٹوٹ جائے گا۔ آپ سبھی کا ٹوٹ جائے گا۔

رضیہ: خیر مجھے تو معاف کیجئے۔ میرا دل ٹوٹنے والا نہیں ہے۔
شوکت: خیر یہ کوئی بات نہیں، مگر باتوں ہی باتوں میں کھانے کو سب لوگ بھول گئے۔ کھانا تو تیار ہو گا ہی۔
امی: ہاں ہاں، بالکل تیار ہے۔ ابھی دو منٹ میں آئے جاتا ہے۔ مگر بیٹا تمہارا سامان کہاں ہے۔؟
شوکت: میں سامان کا جھنجھٹ نہیں پالتا امی۔ کیونکہ ؎

سامان سو برس کا ہے پل کی خبر نہیں

اب آپ کے ہاں آیا ہوں۔ آپ ہی کا سامان استعمال کروں گا۔ (ہنستا) اماں آؤ یار گلشن۔ کیا کیا سامان لگا رہے ہو میز پر؟
گلشن: سرکار ایسی عمدہ چیزیں ہیں کہ طبیعت خوش ہو جائے گی۔ (برتنوں کی آوازیں)
شوکت: مجھے یہی امید ہے۔ آخر ہو کس گھر کے ملازم (ہنستا ہے) اچھا بھئی اب شروع کیجئے ممی۔ بھوک کے مارے دم نکلا جا رہا ہے۔ پیٹ میں جو چوہے دوڑ رہے تھے انہیں تو اب بلیاں بھی کھا چکی ہیں (زور سے ہنستا ہے)
امی: ٹھیک بات ہے بیٹا، شروع کرو۔
شوکت: (حیرت) مگر رضیہ بیگم آپ نہیں ہنسیں۔ کیا بات ہے۔؟
رضیہ: (جل کر) مجھے ہنسی کم آتی ہے۔ ہر وقت کا کبھی کبھی کبھی کرنا مجھے اچھا نہیں لگتا۔
شوکت: کوئی بات نہیں۔ اپنی اپنی عادت ہے۔
باپ: یہ بیگن کا بھرتہ تو شوکت میاں بڑا نفیس بنا ہے۔
شوکت: ابجی آپ کے یہاں کی چیز اور خراب بنے۔ سوال ہی پیدا نہیں ہوتا۔ یقیناً نفیس ترین ہو گا۔
رضیہ: (سرگوشی) اب مزا آئے گا امی اس احمق کو۔ دیکھئے گا کہ اس کا منہ کُھل کر دو گھنٹے

تک بند نہیں ہوگا۔

ماں: (سرگوشی) کیا مرچیں ہیں۔؟

رضیہ: ہاں ــــ مرچیں ہی مرچیں۔

شوکت: کیا باتیں ہو رہی ہیں آپ دونوں میں۔

امی: کچھ نہیں۔ بس میں یہ کہہ رہی تھی کہ کھانا کہیں کم نہ ہو جائے۔ تم روز روز کب آتے ہو بیٹا۔؟

شوکت: (ہنس کر) بھئی آپ کتنا خیال رکھتی ہیں میرا ــــ (منہ میں نوالہ ہے) بس یہی تو خوبی ہے آپ میں۔ ارے... اس میں تو مرچیں ہی مرچیں ہیں (منہ سے سانس لیتا ہے) مر گئے ــــ یار کلن کیا پورے محلے کی مرچیں لے آیا تھا۔ (منہ سے سی سی کرتا ہے۔)

رضیہ: مرچیں تو کم تھیں۔ آپ کو زیادہ لگ رہی ہوں گی۔

شوکت: ہاں کم تو ہیں۔ (سی سی) لیکن میرے منہ میں ایک چھالا ہے۔ ہو سکتا ہے کہ (سی سی) اس میں لگ رہی ہوں۔ ویسے (سی سی) آپ لوگ بھی تو لیجئے۔ اور ذرا گرم گرم روٹیاں منگوائیے ــــ (منہ چلانے کی آواز)

امی: (بے زاری) کلن۔ اے کلن۔ چپاتیاں لاؤ بھی۔

کلن: (دور سے) چولہا ٹھنڈا ہو گیا ہے سرکار۔ ذرا دیر لگے گی۔

رضیہ: یہ کلن بھی بس یوں ہی ہے۔ اسے روٹیاں پکانی بھی نہیں آتیں۔

شوکت: اجی تو یہ کوئی (سی سی) مردوں کا کام ہے۔ یہ کام تو عورتیں جانتی ہیں۔ آپ جا کر بنا لیں۔

باپ: بھئی اس کی طبیعت خراب ہے۔

شوکت: چلئے کوئی بات نہیں۔ میں اتنے میں مٹر پلاؤ شروع کرتا ہوں۔ (پلیٹ اور چمچے کی آواز)

صاحب چاولوں پر تو میں دم دیتا ہوں اپنا (منہ چلاتا ہے) خدا نے کیا چیز بنائی ہے کہ (کٹ کی آواز۔ دانتوں میں کنکر آجاتا ہے) ارے یہ کیا تھا۔ کوئی چیز کٹ سے بولی تھی ابھی۔

رضیہ: شاید کنکر آگیا ہوگا۔

شوکت: کنکر ـــــ! اجی کنکر کا بھلا کیا کام۔ بات یہ ہے کہ میرا دایاں جبڑا کبھی کبھار کٹ کٹ کی آواز نکالتا ہے (ہنسی)

باپ: (لمبی سی ٹھنڈی سانس لے کر) آں۔ ہاں، ہاں۔ ممکن ہے یہی بات ہو۔

شوکت: ویسے ڈیڈی کیا عمدہ ذائقہ ہے اس مٹر پلاؤ کا۔ میں کہتا ہوں جواب نہیں۔ پوری دلی میں شاید اس سے بہتر مٹر پلاؤ کوئی پکا سکتا ہی نہیں، کیوں ممی؟

امی: کیوں کانٹوں میں گھسیٹ رہے ہو بیٹا؟

شوکت: ویسے رات کے کھانے پر ذرا اچھی چیزیں بنوالیجئے گا میرا ہاضمہ خراب ہے ابھی میں نے کیا کھایا ہے رات کو ذرا کھل کر بھوک لگے گی۔ (حیرت) ارے مگر آپ لوگ کیوں نہیں کھاتے۔؟

رضیہ: (طنزیہ) ہماری بھوک مر چکی ہے۔ آپ ہی کھائیے۔

شوکت: مر چکی ہے! ـــــ مگر اپنی تو زندہ ہو گئی ہے۔ اب دیکھئے سب خاموش بیٹھے ہیں۔ مگر صرف میں ہی کھانے سے انصاف کر رہا ہوں۔

باپ: کہاں انصاف کر رہے ہو۔ تمہیں شاید کھانے پسند نہیں آئے۔ آلو گوشت کو تم نے چھوا تک نہیں۔

رضیہ: یہ کلثن کی بے وقوفی ہے ابا ـــــ کم بخت نے پوری بالٹی ڈال دی ہے سالن میں۔

شوکت: ہاں یہ بات تو ٹھیک ہے۔ پیالے میں دیکھئے تو تہہ میں بیٹھا ہوا آلو صاف نظر آتا ہے۔ لیکن فکر مت کیجئے۔ میں نے بھی تیراکی میں لاتعداد تمغے جیتے ہیں۔

تیر کر نکال ہی لاؤں گا آلو۔ (ہنستا ہے سب مجبوراً کھسیانی ہنسی ہنستے ہیں)

ممی : بیٹا کلثن کیا پکانا جانے۔ رضیہ کے ہاتھ میں ذائقہ ہی اور ہے۔ مگر یہ بیچاری بیمار ہے آج کل۔

شوکت: ممی بیماری کا تذکرہ مت کیجیے (ڈکارتا ہے) میں بیماریوں کو چھوڑ کر تو اس بہتر شہر میں وارد ہوا ہوں۔ یہاں تو کسی کو کوئی سنجیدہ بیماری ہو ہی نہیں سکتی۔ جی ہاں (ڈکار لیتا ہے)

رضیہ: معلوم ہوتا ہے آپ کا پیٹ بھر گیا۔

شوکت: ہاں میرا تو بھر گیا، لیکن آپ لوگوں نے کچھ نہیں کھایا۔

رضیہ: ہمارا پیٹ آپ کو کھاتے دیکھ کر بھر گیا۔

شوکت : اوہ۔ یہ بات ہے۔ اچھا میں ذرا ہاتھ دھو آؤں۔ (قدموں کی آواز دور)

ممی : (سرگوشی) دیکھا آپ نے پورے گھر کا کھانا اکیلا ہی کھا گیا کمبخت۔

باپ: ہاں — یہ تو اس وقت ہے جب کہ چولہا ٹھنڈا ہے۔

رضیہ: یہ تو ٹریلر ہے۔ پوری فلم تو آپ بعد میں دیکھئے گا۔

ممی : پورے گھر کا راشن میرے خیال میں شام ہی کو ختم ہو جائے گا۔ پھر کیا ہوگا۔؟

باپ: بھئی وہی ہوگا جو منظورِ خدا ہوگا۔

رضیہ: نالائق نے کھانے میں کتنی دیر لگائی ہے۔ کچھ دیر بعد سہ پہر کی چائے کا آرڈر دے گا۔ اور پھر رات کو کھانے کی میز پر شاہانہ سطوت کے ساتھ مسند نشین ہوگا۔

باپ: اسے نکالنے کی کوئی ترکیب سوچو بیٹی۔ آخر تم کالج میں کیا سیکھتی ہو۔؟

رضیہ: کیا کروں ابا جی۔ مرچیں اس کمبخت کے لگتی ہی نہیں۔ کنکر منہ میں آ جاتا ہے تو اسے بھی ہضم کر جاتا ہے۔ پانی ہی پانی والا آلو گوشت بھی اسے پسند ہے۔ ڈھیٹ کتنا ہے یہ پیٹو۔!

ممی: کچھ سوچو بیٹی۔ ورنہ ہمارا تو دیوالیہ نکل جائے گا۔

رضیہ: کھانا کھانے کے بعد یہ مگرمچھ کی طرح لوٹ لگائے گا۔ اتنی دیر میں کوئی ترکیب سوچ ہی لوں گی۔

شوکت: (دور سے آتے ہوئے) یہ مگرمچھ کا کیا قصہ ہے رضیہ بیگم۔ کیا یہاں جمنا میں مگرمچھ آگئے ہیں۔

رضیہ: جمنا میں نہیں، ہمارے شہر میں، اندر تک آگئے ہیں۔ اچھا امی میں چلی کچھ اسٹڈی کرنی ہے۔ اس عرصے میں نیا نسخہ اور ترکیب استعمال تیار کرتی ہوں۔

شوکت: ہاں یہ ٹھیک ہے طبیعت ٹھیک بھی تو نہیں ہے رضیہ بیگم کی کیوں ممی، کیوں ڈیڈی۔؟

باپ: میاں! اب تم آرام کرو۔ ہم چلتے ہیں۔

شوکت: ضرور ضرور! شام کی چائے کے لئے مجھے ضرور اُٹھا لیجئے گا۔

باپ: ہاں ہاں! بھلا ایسا کیسے ہو سکتا ہے کہ تمہیں بھول جائیں۔

(ساز بجتا ہے)

شوکت: ڈیڈی، ممی، تعریف کرتے ہوئے میری زبان نہیں تھکتی۔ کیا بتاؤں شام کی چائے کا جواب نہیں یعنی چائے تھی یا آبِ حیات کس نے بنائی تھی چائے؟

باپ: رضیہ نے بنائی تھی۔

شوکت: اجی اُن کا تو جواب نہیں۔ ہر طرح سے جواب نہیں۔ (سوچتے ہوئے) مگر ـــ مگر وہ کہیں دکھائی نہیں دیتیں۔ کہاں ہیں؟

باپ: (بات ٹالتے ہوئے) بیٹا تم رات کا کھانا نہیں کھاؤ گے یا تمہاری کہیں دعوت ہے۔؟

شوکت: دعوت ـــ ڈیڈی دعوت تو خوش قسمتوں ہی کی ہوتی ہے۔ اور پھر میں اس گھر کو چھوڑ کر باہر کھانا کیوں کھاؤں گا، آپ کا دل نہ ٹوٹ جائے گا!

باپ: (بسورتی آواز میں) ہاں ہاں بالکل ٹوٹ جائے گا۔ یقیناً ٹوٹ جائے گا۔

امی: (ٹھنڈی سانس) ہاں شوکت میاں تکلیف تو ہمیں بہت ہوگی۔

شوکت: (خوشی سے) ہوگی نا۔ میرا بھی یہی خیال تھا ویسے رضیہ بیگم نظر نہیں آتیں۔! کہاں ہیں اِس وقت۔؟

امی: اس کی طبیعت اچانک خراب ہوگئی ہے۔ لحاف اوڑھے لیٹی ہے۔

باپ: اور ہائے ہائے بھی کر رہی ہے۔ نہ جانے کیا بات ہے؟

شوکت: (حیرت سے) ہائے ہائے کر رہی ہیں، مگر سوال یہ ہے کہ کیوں کر رہی ہیں؟

امیؔ: پتہ نہیں۔ منہ ہی نہیں کھولتی۔

شوکت: بھئی آج کل کے دن بہت خراب ہیں۔ میں بیماریوں سے بچ کر تو یہاں دِلّی آیا تھا اور یہاں پہ بھی ـــ خیر ان کا علاج کرایئے۔ (تشویشناک لہجہ) اس کا مطلب یہ ہے کہ وہ رات کے کھانے پر نظر نہیں آئیں گی، اور جب وہ نظر نہیں آئیں گی تو اچھے کھانے بھی نظر نہیں آئیں گے۔

باپ: (فکرمند لہجہ) اب کیا کریں میاں۔ آؤ رضیہ کی ماں چل کر دیکھیں تو سہی کیسی حالت ہے اُس کی۔؟

امی: ہاں چلیئے۔ کلّن کہہ رہا تھا کہ اس نے دو بار قے بھی کی ہے۔

شوکت: (گھبراکر) ہائیں کیا قے بھی کر رہی ہیں۔ یہ تو بہت بُرا ہوا۔ تمام جراثیم گھر میں پھیل جائیں گے۔!

باپ: ہمارا تو کچھ نہیں بلیٹا! اگر خدانخواستہ تم بیمار ہوگئے تو میں برکت اللہ صاحب کو کیا منہ دکھاؤں گا۔؟

شوکت: تو ـــــــ تو انہیں اسپتال میں داخل کیوں نہ کرا دیں۔ وہاں اچھا اور عمدہ علاج ہو جائے گا۔

نجی: (بُرا مان کر) تو جی! اس کے دشمن جائیں اسپتال میں۔ وہ یہیں رہے گی آ آیئے جی چل کر دیکھیں، تم بھی چلو شوکت میاں۔

شوکت: (ڈرے ہوئے دل سے) چلیئے چلیے۔ مگر صاحب یہ تو بڑے خطرے کی بات ہے اپنے شہر میں بھی ایسی ہی بیماریاں پھیلی ہوئی ہیں۔ میں آپ کو بتا چکا ہوں۔ ان سے گھبرا کر ہی تو میں یہاں آیا تھا، اور اب یہاں بھی ـــــــ مگر کوئی بات نہیں اللہ مالک ہے۔ (قدموں کی آواز مائیک کے قریب آتی ہے)

باپ: بیٹی رضیہ! اب کیسا جی ہے تمہارا؟

شوکت: رضیہ بیگم سنا ہے آپ بیمار ہو گئی ہیں۔ ویسے ذرا منہ تو کھولئے۔

رضیہ: (کراہتے ہوئے) نہیں۔ میں منہ نہیں کھول سکتی ہائے کیا کروں، طبیعت بہت خراب ہے امی۔

امی: آخر بات کیا ہے؟ تم بتاتی کیوں نہیں۔ منہ کھولو بیٹی، ہم دیکھیں تو سہی۔

رضیہ: میری حالت بہت خراب ہے امی (کراہتے ہوئے) میرے ہاتھوں اور منہ پر لال لال دانے ہو گئے ہیں۔

شوکت: (گھبرا کر) لال دانے۔ ذرا۔ ذرا منہ تو کھولئے۔

رضیہ: دیکھئے ـــــــ یہ دیکھئے۔ (کراہتی ہے)

شوکت: (بے حد گھبراہٹ) ارے باپ رے! یہ تو چیچک ہے چیچک ـــ ہمارے یہاں بھی یہی وبا پھیلی ہوئی ہے۔

رضیہ: (محبت اور لگاوٹ) آپ ہی کے ساتھ آ گئی ہو گی۔ ذرا میرے قریب آیئے اور میرا سر دبا دیجئے۔ سچ بڑا سکون ملے گا۔

شوکت: (پریشانی) نہیں نہیں۔ ممّی سے دبا لیجئے۔ میں ابھی آیا۔ مجھے ایک بہت ضروری کام یاد آگیا ہے۔

رضیہ: بیٹھ جائیے نا۔ آپ تو اکھڑی اکھڑی باتیں کر رہے ہیں۔ میرے پاس بیٹھئے۔

باپ: شوکت میاں بیٹھ جاؤ۔ کتنی محبت سے کہہ رہی ہے۔ تمہارے بغیر اس کا دل گھبرائے گا۔

شوکت: وہ تو گھبرائے گا۔ ضرور گھبرائے گا لیکن میں ذرا اپنا وہ کام کرکے آتا ہوں۔ اپنا سوٹ کیس بھی لے جاتا ہوں، ہو سکتا ہے کہ وہ کام پورا ہونے کے بعد ہی چلا جاؤں۔ بس ابھی آیا۔ (آواز دور ہو جاتی ہے) فکر مت کیجئے۔ میں بہت جلد واپس آؤں گا، ارے کلن ——— اے میاں کلن، ذرا میرا سوٹ کیس تو لانا۔ اندر کوٹھری میں رکھا ہے۔

رضیہ: (بری طرح ہنستی ہے) کیوں ابا جی۔ کیسی عمدہ اور کارگر ترکیب رہی۔

امی: بیٹی تم نے تو کمال کر دیا۔ کیسا بہروپ بدلا ہے۔ واہ۔

باپ: یہ جو پورا دن اس بیوقوف نے غارت کر دیا ہے اور جو ترلقمے اس نے حلق سے اتارے ہیں، ان کی کوفت جاتی رہی۔

امی: اور بیٹی یہ دانے وانے اب ہٹا دو۔ خدا نہ کرے جو یہ دانے تمہارے نکلیں!

رضیہ: امی ایک گھنٹے میں دیا سلائی اور کتھے سے بنائے تھے یہ دانے۔ اسے یہ نیچے یہ مٹ گئے۔ (ہنستی ہے)

باپ: شکر ہے خدا کا۔ اس نے یہ آئی ہوئی بلا ٹال دی۔ اب تو میں آرام سے پیر پھیلا کر سوؤں گا۔

رضیہ: میرے خیال میں وہ بجھو ہوّا مڈ نہیں آئے گا ——— اب تو وہ گیا۔ (ہنستی ہے)

(شوکت دور سے چلاتا ہوا مائیک کے قریب آرہا ہے)

شوکت: ممی۔ ڈیڈی۔ لیجیے میں پھر آگیا اور چیچک کا علاج بھی ساتھ ہی لے کر آگیا ہوں۔

رضیہ: ہائے اللہ ——! (امی، اور باپ کی بھی چیخیں نکل جاتی ہیں)

امی: کیا ہوا؟ کیا بات ہے؟ تم تو چلے گئے تھے شوکت میاں؟

شوکت: ابھی باہر نکلا تو دیواروں پر لکھا دیکھا کہ چیچک کا نیا کیس لانے والے کو ایک ہزار روپیہ انعام ملے گا۔ بس میں نے سوچا کہ رضیہ بیگم کی خبر دلا دیتا ہوں، ان کا علاج بھی ہو جائے گا اور ایک ہزار روپے بھی ہاتھ لگیں گے۔ آپ لوگ بھی میرے واپس جانے سے پریشان تھے۔ لہذا اب میں نہیں جا رہا ہوں۔ اب تو ایک ہزار روپے کے سہارے میں آپ کے گھر ایک دو سال تک رہ سکتا ہوں۔

باپا: کیا ——؟ (بے ہوش ہونے لگتا ہے۔)

شوکت: کیوں کیا ہوا؟ ارے —— ارے —— یہ کیا ہوا، آپ دونوں ہی بیٹھے بیٹھے لڑھک گئے۔ کہیں بے ہوش تو نہیں ہو گئے! (بلند آواز) گلشن —— گلشن ذرا جلدی لاؤ پانی، ممی، ڈیڈی اور رضیہ بے ہوش ہو گئے ہیں۔ جلدی آؤ۔ کسی ڈاکٹر کو بلاؤ —— اور ہاں اگر ڈاکٹر کو بلانے بازار جاؤ تو ایک پیسٹ ربڑ کی ضرور لیتے آنا —— سنا گلشن۔

(ساز بجتا ہے)
